생생한 LIVE

중국어 읽기

기초편

정태업 · 이소현 · 이효영 · 쉬리 공저

신아사

머리말

중국어를 처음 배우는 학습자들에게 있어서 가장 힘든 것이 성조의 학습이다. 성조는 한국어에 존재하지 않는 중국어의 언어적 특징이며 또한 중국어를 재미있게 하는 요소이다. 그러나 한국어에 존재하지 않는 성조를 학습하기는 그렇게 쉽지 않다. 어렵게 익히고도 막상 발음해 보면 틀리기 일쑤다. 중국어 성모와 운모도 우리말에 없는 설첨음이나 권설음 등이 있어 배우기가 쉽지 않다. 그러나 이런 어려운 성조와 발음들을 중국어를 처음 배우는 초급자들은 대강 익히고 지나가려 한다. 결과적으로 부실한 기초 위에서 중국어를 계속 배우다 보면 성조와 발음이 마구 틀리기 시작한다. 학습자들은 그때 되어서야 발음 기초가 잘못되었다는 것을 알게 되지만 고치기는 쉽지 않다.

본 교재는 초급자들이 이러한 오류를 범하지 않고 체계적이고 정확한 중국어를 구사할 수 있도록 3단계 학습 시스템으로 책을 구성했다. 1단계는 처음 중국어 발음과 성조를 익히면서 자칫 지겨워 질 수 있는 것을 감안하여 실용적 표현으로 본문을 구성했다. 동시에 재미있는 잰말놀이를 통해 정확한 중국어 발음과 성조가 입에 붙도록 했다. 2단계로는 자기소개나 일기와 같이 쉽고 꼭 필요한 문장을 익히도록 했다. 이를 통해 중국어 읽기의 기초를 닦고 중국어 문장이 어떻게 구성되는지를 자연스럽게 파악될 수 있도록 했다. 3단계로는 간단한 문장을 읽으면서 제법 유창한 중국어 읽기가 가능하도록 했다. 또 본문에 나오는 모든 문장을 자세히 분석해서 학습자들이 본문의 문형을 완전하게 이해할 수 있도록 했다. 아울러 매 과마다 초급 과정에서 꼭 필요한 기초문법을 일목요연하게 설명했다.

바쁜 가운데 이 책의 집필을 맡아 모든 수고를 아끼지 않은 이효영, 이소현, 쉬리 선생님께 진심으로 깊은 감사의 뜻을 전한다. 또 이 책이 나오기까지 도움을 주신 부산외국어대학교 중국학부의 진광호 학부장님과 여러 학과 교수님들께도 감사의 마음을 전하는 바이다. 또 본 교재가 나오도록 여러모로 도와 주신 신아사 여러분께도 감사의 뜻을 전한다.

끝으로 이 교재를 통해 중국어를 배우는 학우들이 중국어 기초를 탄탄히 닦아 중국 관련 각 분야의 전문가로 크게 성장 할 수 있기를 기대한다.

2017년 1월

금정산 기슭에서, 집필진 일동

이 책의 활용법

중국어 발음과 간단한 중국어 문장을 통해 한단계씩 수준을 높이는 중국어 읽기

part I 1-4과 : 발음 연습과 읽기 중심

part II 5-8과 : 간단한 문장 읽기와 독해중심, 기초 문형연습

part III 9-12과 : 한 단계 높은 수준의 문장 독해중심, 초 · 중급 문형연습

본문과 단어 익히기를 동시에

단어를 본문과 같이 제시하고 있어 본문 독해에 필요한 단어를 동시에 익히도록 하고 있습니다.

다양한 콘텐츠를 활용하여 중국어를 학습할 수 있게

중국어 발음, 성조 연습을 할 수 있는 '잰말 놀이'나 일상 생활에서 자주 쓰이는 '표현' 등 다양한 콘텐츠를 활용하여 중국어를 학습할 수 있게 하고 있습니다.

기초에서 초 · 중급으로 나아갈 수 있는 문형 익히기

처음에는 간단한 문장, 기본 문형을 중심으로 시작하여, 9과 이후에는 초급에서 중급으로 나아갈 수 있는 문형과 문법 등을 익힐 수 있도록 제시하고 있습니다.

연습문제와 중국 이야기

본문에서 배운 내용을 정리할 수 있도록 연습문제를 구성하였고, 마지막에는 재미있는 중국 문화이야기나 중국에 관한 소개도 구성하였습니다.

CONTESNTS

중국어 개요

1. 중국어(汉语)란?

중국인이 사용하는 언어가 한어(汉语)이며 '한족(汉族)의 언어'라는 뜻을 포함하고 있다. 표준 중국어의 명칭은 보통화(普通话)라고 규정되어 있으며 언론, 방송, 교육, 외교 등에서 통일하여 사용한다.

2. 한자(汉字)란?

중국에서는 중국어를 표기하기 위한 수단으로 사용하는 한자를 간체자(简体字)라고 한다. 한자는 번체자(繁体字)와 간체자로 구분하는데 현재 대만, 홍콩, 일본, 한국 등지에서는 아직 번체자를 사용하고 있다.
하지만 중국 정부에서는 국민들의 표준어 교육을 위하여 한자를 간체화하기 시작했고 현재 중국 대륙과 싱가폴, 말레이시아 등에서 간체자를 사용한다.

大韓民國	大韩民国
번체자	간체자

3. 중국어의 구성은?

중국어의 음절은 성모, 운모, 성조로 구성되어 있다.
중국어는 1958년 한어병음방안(汉语拼音方案)에 따라 표기하며 일반적으로 '병음(拼音)'으로 약칭한다. 라틴 자모 26개를 공식적으로 사용하고 발음부호 위에 성조를 표기한다. 중국어의 성모는 총 21개, 운모는 36개이며 중국어는 운모와 성조만으로 음절이 될 수 있다.

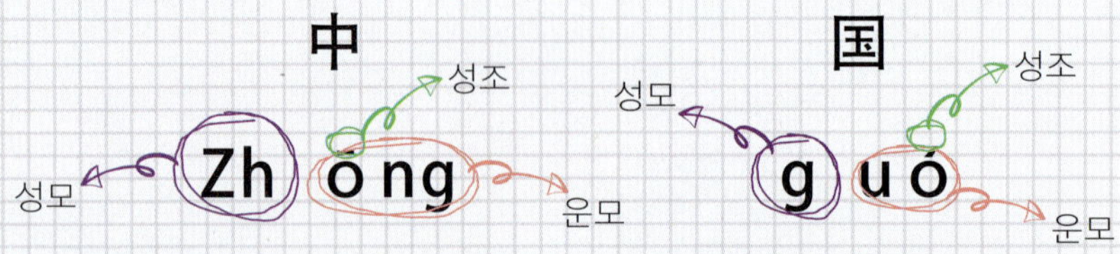

4. 중국어 어순은?

I	love	you
주어	동사술어	목적어
我	爱	你

중국어의 어순은 영어와 닮아 있다. 기본적으로 우리말보다 영어에 가깝지만 중국어 문장에서는 이야기의 주제가 중심이 되어 문장의 어순이 비교적 자유롭다. 또 목적어의 위치가 바뀌는 경우가 있어 중국어를 배우고 나면 중국어 어순이 영어와 동일하다는 생각은 사라질 것이다.

Part 1

발음부터 기초문형까지

1과

중국어 발음 익히기

1-1 성조

1-2 운모(1)

1-3 성모(1)

1-1 성조 익히기

1. 성조 알아보기

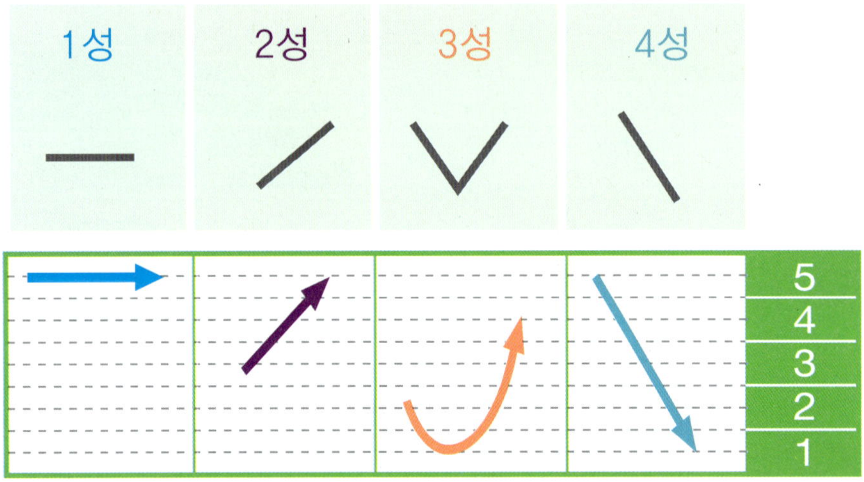

제1성 : "5" 높이에서 가장 긴 음으로 끝까지 소리낸다.

제2성 : "3"에서 시작해서 "5"까지 낮은 곳에서 높은 곳으로 빠르게 올려주며 소리낸다.

제3성 : "2"에서 시작해서 "1"까지 잠깐 떨어졌다가 다시 "4"까지 다시 올려주며 소리낸다.

제4성 : "5" 높이에서 강하고 빠르게 "1"까지 떨어뜨리며 소리낸다.

2. 성조의 특징

1) 성조에 따라 한자와 의미가 다른 중국어가 된다.

예)			
엄마	妈	mā	1성
삼베	麻	má	2성
말	马	mǎ	3성
욕하다	骂	mà	4성

2) 성조는 운모 위에 표기되며, 운모가 한 개 이상이며 다음과 같은 순서로 표기한다.

a > o = e > i = u = ü

예)					
가방	包	bāo	주다	给	gěi
쌍, 짝	双	shuāng	국가	国	guó

3) 운모 'i' 와 'u'가 함께 나올 때에는 뒤에 위치한 운모 위에 성조를 표기한다.

예)					
물	水	shuǐ	공	球	qiú
수리하다	修	xiū	바람을 불다	吹	chuī

4) 경성

본래의 성조를 잃고 가볍고 짧게 소리낸다. 성조는 표기하지 않는다.

예)					
우리들	我们	wǒmen	엄마	妈妈	māma
너의 것	你的	nǐ de	예쁘다	漂亮	piàoliang

1-2 운모(1)

a	o	e
/아/	/오/와 /어/ 의 중간음	/으/와 /어/ 의 중간음

i	u	ü
/이/	/우/	/위/ * /우/ 입술모양 후, /이/발음

* 중국어 발음 위치

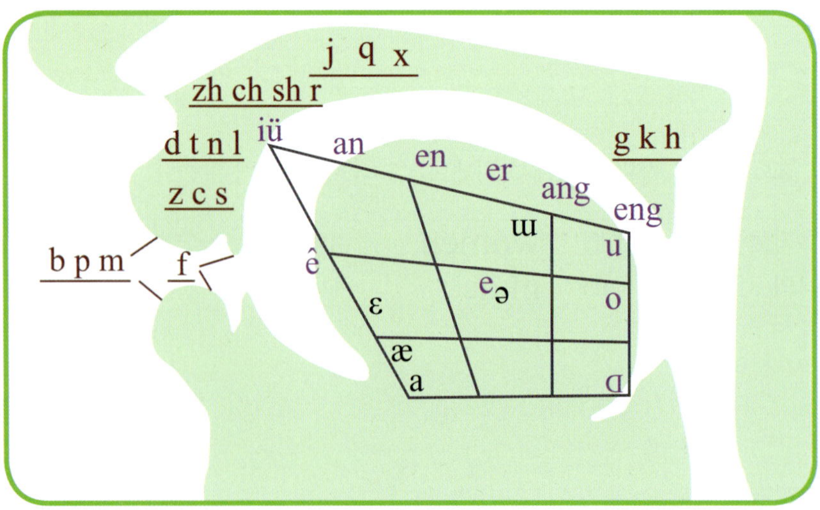

1-3 성모(1)

1) 입술로 소리낸다. (순음)

b P m f +O

bo	Po	mo	fo
/뽀어/	/포어/	/모어/	/포어/ * 영어의 'f' 발음

2) 혀끝으로 소리낸다. (치조음)

d t n l +e

de	te	ne	le
/뜨어/	/트어/	/느어/	/르어/

표현

교실에서 쓸 수 있는 중국어 표현을 익혀봅시다.

Shàng kè.
1. 上 课。수업하다.

Xià kè.
2. 下 课。 수업 마치다.

Wǒmen xiūxi yí xià.
3. 我们 休息 一 下。 우리 좀 쉬어요.

Qǐng fāndào dì-sān yè.
4. 请 翻到 第 三 页。3쪽을 펴세요.

Qǐng gēn wǒ dú.
5. 请 跟 我 读。저를 따라 읽으세요.

Duì bú duì?
6. 对 不 对? 맞아요?

Tīngdǒng le ma?
7. 听懂 了 吗?알아들었어요?

Lǎoshī, qǐng wèn yí xià.
8. 老师， 请 问 一 下。 선생님 질문 있습니다.

Qǐng zài shuō yí biàn.
9. 请 再 说 一 遍。 다시 한번 말해 주세요.

Nǐ lái huídá yí xià.
10. 你 来 回答 一 下。 당신이 대답해 보세요.

Zěnme shuō?
11. 怎么 说? 어떻게 말해요?
Zěnme dú?
怎么 读? 어떻게 읽어요?
Zěnme xiě ?
怎么 写? 어떻게 써요?

Hànyǔ zhēn yǒu yìsi.
12. 汉语 真 有 意思。 중국어는 정말 재미있어요.

Wǒ shì Zhōngwén xì de xuésheng.
13. 我 是 中文系 的 学生。 저는 중문과 학생입니다.

재미있는 발음 연습

따라서 읽다 보면 발음, 성조를 연습할 수 있어요.

Sì shì sì, shí shì shí,
四是四, 十是十,

Shí sì shì shí sì, sì shí shì sì shí.
十四是十四, 四十是四十。

Bú yào bǎ sì shí shuō chéng shí sì,
不要把四十说成十四,

Yě bú yào bǎ shí sì shuō chéng sì shí.
也不要把十四说成四十。

해석

4는 4이고, 10은 10이다.
14는 14이고, 40은 40이다.
40을 14라 말하지 말고, 또 14를 40으로 말하지 말라.

小鼓

작가: 胡木仁

Xiǎo gǔ, xiǎo gǔ,
小 鼓, 小 鼓,

Qiāo qiao tā,
敲 敲 它,

"Bú tòng, bú tòng,
"不 痛, 不 痛,

Zhēn bú tòng!"
真 不 痛!"

Xiǎo gǔ, xiǎo gǔ,
小 鼓, 小 鼓,

Wèn wen tā,
问 问 它,

"Bù dǒng, bù dǒng,
"不 懂, 不 懂,

Zhēn bù dǒng!"
真 不 懂!"

연습 문제

1. 성조와 함께 큰소리로 병음 읽어보기

	a	o	e	i(yi)	u(wu)	ü(yu)
b	ba	bo		bi	bu	
p	pa	po		pi	pu	
m	ma	mo		mi	mu	
f	fa	fo			fu	
d	da		de	di	du	
t	ta		te	ti	tu	
n	na		ne	mi	nu	nü
l	la		le	li	lu	lü

2. 운모 구별하기

yí yú wǔ wǒ

tā tē lù lǜ

3. 성모 구별하기

dā tā bú fú

nǔ lǔ pò bò

4. 성조 구별하기

bā bá tí tǐ

fō fò ně né

중국이야기

중국인의 인사법과 한국인의 인사법

중국인에게 머리를 숙이거나 무릎을 꿇는 것을 아주 큰 잘못을 저질러 사죄할 때 하는 행동이다. 그래서 웬만한 경우가 아니면 다른 사람에게 무릎을 꿇고 머리를 숙이지 말라고 가르친다. 반대로 한국에서는 어른에게 머리를 숙여 인사를 하거나 연장자 앞에서 무릎을 꿇어 앉는 것이 올바른 예절이라 생각한다. 설날을 예로 들어 보면, 한국에서는 새해가 되어 오랜만에 집안 어른을 만나면 큰 절을 하는 것이 예의이다. 그러나 중국은 새해 인사법이 다르다. 중국도 새해가 되면 어른들에게 인사를 하지만 아무리 어른이라 해도 절을 하지는 않는다. 그냥 두 손을 모아서 '꽁시꽁시'라고 말 할 뿐이다. 똑같은 설날을 지내면서도 그 속에서 나오는 예절은 이렇게 큰 차이가 있다. 물론 이것이 어느 쪽이 맞고 틀렸다고 말하기는 힘들것이다. 왜냐하면 이것은 한국과 중국의 오래된 문화적 차이이기 때문이다.

MEMO

Part 1

발음부터 기초문형까지

2과

운모와 성모 익히기

2-1 운모와 권설음, 성모(2)

2-2 운모과 성모(3)

2-1 운모와 권설음, 성모(2)

1. 운모(2)

ai	ei	ao	ou
/아이/	/에이/ * 'e'가' 'i'와 결합하면 /에/로 발음	/아오/와 /아우/의 중간음	/어우/

예) 사랑하다 爱 ài　검다 黑 hēi　좋다 好 hǎo　모두 都 dōu

an	en
/안/	/으언/ * 영어의 /엔/발음 주의

예) 어렵다 难 nán　사람 人 rén

ang	eng	ong
/앙/	/으엉/	/어웅/과 /어옹/의 중간음

예) 돕다 帮 bāng　춥다 冷 lěng　붉다 红 hóng

2. 운모-권설음

er
/얼/
* 혀끝이 입천장에 닿지 않도록 주의

예) 귀 耳 ěr

3. 성모(2)

1) 혀의 뒷부분으로 소리낸다. (설근음)

g k h + e

ge	ke	he
/끄어/	/크어/	/흐어/

예) 낱 개 个 gè 그루 棵 kē 마시다 喝 hē

2-2 운모와 성모(3)

1. 운모(3)

ia	ie	in
/이야/	/이에/ * 'e'가' 'i'와 결합하면 /에/로 발음	/인/

예) 집 家 jiā　　잎사귀 叶 yè　　새롭다 新 xīn

iao	iou	ian
/이야오/	/이어우/ * 성모와 결합하면 'iu'로 표기	/이엔/ * 'i'와 'n'사이에서 'a'는 /엔/으로 발음

예) 가르치다 教 jiāo　　여섯 六 liù　　만나다 见 jiàn

iang	ing	iong
/이앙/	/잉/	/이융/과 /이용/의 중간음

예) 강하다 强 qiáng　　이름 名 míng　　가난하다 穷 qióng

üe	üan	ün
/위에/	/위앤/ * 'ü'와 'n' 사이에서 'a'는 /앤/으로 발음	/윈/

예) 눈 雪 xuě 원하다 愿 yuàn 군주 君 jūn

2. 성모(3)

1) 혓바닥면을 앞쪽으로 하여 소리낸다. (설면전음)

j q x + i

ji	qi	xi
/지/	/치/	/시/

예) 부치다 寄 jì 7, 일곱 七 qī 서쪽 西 xī

표현

인사와 소개에 필요한 중국어 표현을 익혀봅시다.

1. Nǐ hǎo! / Nín hǎo!
   你 好! / 您 好! — 안녕하세요!

2. Zǎoshang hǎo !
   早上 好 ! — 좋은 아침입니다!

3. Nǐ chīguò fàn le ma?
   你 吃过 饭 了 吗 ? — 식사하셨어요?

4. Nǐ qù nǎr?
   你 去 哪儿? — 어디 가세요?

5. Nǐ duō dà le?
   你 多 大 了? — 나이가 어떻게 되세요?

6. Nǐ shǔ shénme?
   你 属 什么? — 무슨 띠에요?

7. Wǒ shǔ hǔ.
   我 属 虎。 — 저는 호랑이 띠 입니다.

Nín guì xìng?
8. 您 贵 姓? 성함이 어떻게 되세요?
(Miǎn guì xìng ~)
(免 贵 姓~) (제 성은 ~ 입니다.)

Xiè xie !
9. 谢 谢 ! 감사합니다!
Bú kè qi !
不 客 气 ! 천만에요!

Duìbuqǐ !
10. 对不起 ! 미안합니다!
Méi guānxi !
没 关系 ! 괜찮습니다!

Bù hǎoyìsi.
11. 不 好意思。 송구스럽습니다.

Nǎlǐ nǎlǐ .
12. 哪里 哪里。 별말씀을요.

Jīntiān yǒu kè ma ?
13. 今天 有 课 吗? 오늘 수업 있어요?

재미있는 발음 연습 따라서 읽다 보면 발음, 성조를 연습할 수 있어요.

门

작가 : 韩亚辉

Xiǎo bǎo bao, rèn ren mén,
小 宝 宝, 认 认 门,

Dà mén、xiǎo mén、zhōng mén,
大 门、小 门、 中 门,

Hóng mén、hēi mén、lán mén,
红 门、黑 门、蓝 门,

Tiě mén、tóng mén、mù mén,
铁 门、 铜 门、 木 门,

Kāi mén、guān mén、suǒ mén,
开 门、 关 门、 锁 门,

Xiān děi rèn qīng zì jiā mén。
先 得 认 清 自 家 门。

연습 문제

1. 성조와 함께 큰소리로 병음 읽어보기

	ai	ei	ao	ou	an	en	ang	eng	ong
g	gai	gei	gao	gao	gan	gen	gang	geng	gong
k	kai	kei	kao	kao	kan	ken	kang	keng	kong
h	hai	hei	hao	hao	han	hen	hang	heng	hong

	i	ia	ie	iao	iou	ian	in	iang	ing	iong	ü	üe	üan	ün
j	ji	jia	jie	jiao	jiu	jian	jin	jiang	jing	jiong	ju	jue	juan	jun
q	qi	qia	qie	qiao	qiu	qian	qin	qiang	qing	qiong	qu	que	quan	qun
x	xi	xia	xie	xiao	xiu	xian	xin	xiang	xing	xiong	xu	xue	xuan	xun

2. 운모 구별하기

qián　　quán　　gāi　　gēi

hǎng　　hǒng　　xiàn　　xiàng

3. 성모 구별하기

gàn　　kàn　　hěn　　kěn

jiōng　　qiōng　　xún　　qún

4. 성조 구별하기

jiē　　qiě　　xǔ　　jú

kòng　　hēng　　juè　　jūn

중국이야기_

모든 것을 중국적으로 해석해서 받아들인다?

대안탑 : 당나라 때 현장법사가 인도에서 불경을 가져와서 중국어로 번역하고 보관했던 곳

우리는 외래의 사상이나 문화가 들어오면 원래 모습 그대로 받아들이는 경향이 많다. 예를 들면 불교가 우리나라에 들어오면서 한자로 된 불교경전을 그대로 받아들여 일반 대중은 뜻도 모르고 외우기만 했다. 그러나 중국에서는 모든 것을 중국식으로 걸러서 받아들인다. 인도의 불경도 한자로 모두 번역해서 받아들였다. 불교의 공(空) 사상도 노장의 무(無) 사상에 빗대어 받아들였다. 이런 것을 격의불교((格義佛敎)라고 하는데 비단 불교뿐 아니라 모든 부분에서 이렇게 중국적 재해석을 거쳐서 받아들인다.

중화인민공화국을 건설한 모택동도 중국사회의 프롤레타리아 계급을 마르크스와 레닌이 설정한 도시 노동자로 보지 않고 중국의 대다수를 차지하는 농민으로 재해석하여 중국혁명을 이끌었다. 지금 보면 그것이 대단한 해석으로 보이지 않지만 그 당시의 상황에서 마르크스 사상을 그렇게 재해석 하는 것은 대단히 혁명적인 것이었다.

큰 사상뿐만 아니라 외국어서 들어오는 외래어도 우리는 오디오, 팩스, 컴퓨터 등 영어를 그대로 음역해서 받아들이지만 중국은 거의 모든 외국어를 자기들이 새롭게 해석해서 音响, 传真, 电脑 등으로 바꾸어 부른다. 그에 반해 우리는 성과 이름을 한자로 표기하는 것을 삼대국시대에 받아들인 후 지금까지 대부분 한자로 성과 이름을 표기하고 있다. 외래문화에 대한 이런 서로 다른 수용방법은 이후로 어떤 결과를 낳게 될까?

Part 1

발음부터 기초문형까지

3과

주의해야 할 운모와 성모, 성조

3-1 운모와 성모(4)

3-2 성조변화

3-3 한어병음 표기와 발음상의 주의점

3-1 운모와 성모(4)

1. 운모(4)

ua	uo	uai	uei
/우와/	/우오/	/우와이/	/우웨이/ * 성모와 결합하면 'ui'로 표기

예) 기와 瓦 wǎ　　불 火 huǒ　　바깥 外 wài　　맞다 对 duì

uan	uen
/우완/	/우원/ * 성모와 결합하면 'un'로 표기

예) 저녁 晩 wǎn　　봄 春 chūn

uang	ueng
/우왕/	/우웡/ * /웽/으로 발음 않도록 주의

예) 침대 床 chuáng　　노인 翁 wēng

2. 성모(4)

1) 혀를 윗니에 붙였다 떼며 소리낸다. (설첨전음)

z c s + i

zi	ci	si
/쯔/	/츠/	/쓰/

예) 글자 字 zì　　단어 词 cí　　사찰 寺 sì

2) 혀를 뒷쪽으로 살짝 말아 소리낸다. (설첨후음, 권설음)

zh ch sh r + i

zhi	chi	shi	ri
/즈으/	/츠으/	/스으/	/르으/

* 성모 'z, c, s, zh, ch, sh. r'과 운모 'i'가 결합하면 i 는 /으/로 소리낸다.

예) 손가락 指 zhǐ　먹다 吃 chī　10, 열 十 shí　하루 日 rì

3-2 성조변화 익히기

1. 제3성의 변화

1) 제3성은 1성, 2성, 4성, 경성과 결합하면 반 3성으로 읽는다.

예) 마부 马夫 mǎfū　　좋은 사람 好人 hǎorén
부정하다 否认 fǒurèn　　우리 我们 wǒmen

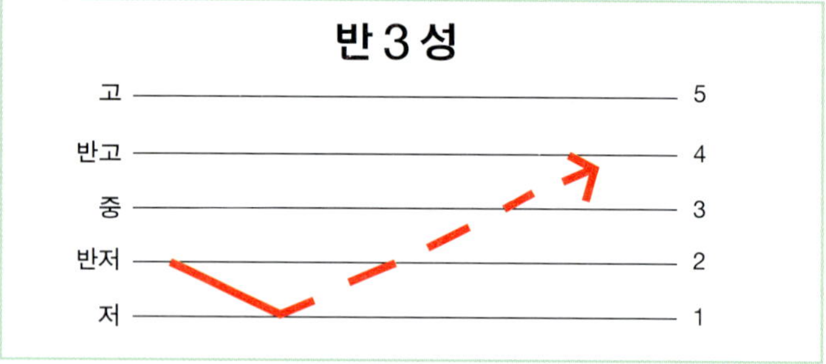

2) 제3성이 이어서 발음될 경우, 앞에 성조는 2성으로 읽는다.

예) 매우 좋다 很好 hěn hǎo　　이상 理想 lǐxiǎng

2. 不의 성조변화

1) 不는 원래 4성이지만, 不 뒤에 4성 단어가 오면 2성으로 변한다.

예) 없다 不在 bú zài

3. 一의 성조변화

1) 一의 성조는 1성인데, 一 뒤에 4성 단어가 오면 2성으로 변한다.

예) 반드시 一定 yídìng

2) 一 뒤에 1,2,3성 단어가 오면 4성으로 읽는다.

예) 하루 一天 yì tiān 일년 一年 yì nián

하루 밤 一晚 yì wǎn

* '不, 一'의 성조는 변화된 성조로 표기한다.

3-3 한어병음 표기상 주의해야 할 점 익히기

1. 'i'로 시작되는 음절은 'i'를 'y'로 바꾸어 표기한다. 단, 'i' 운모로만 음절을 이루면 'i'를 'yi'로 바꾸어 표기한다.

   예) 应该 yīnggāi

2. 'u'로 시작하는 음절은 'u'를 'w'로 바꾸어 표기한다.
   단, 'u'운모로만 음절을 이루면 'u'를 'wu'로 바꾸어 표기한다.

   예) 温暖 wēnnuǎn

3. 'ü'로 시작하는 음절은 'ü'를 'yu'로 바꾸어 표기한다.

   예) 于是 yúshì

4. 'ü'는 'j, q, x, y' 뒤에서는 위의 두 점을 떼어버리고 'u'로 쓴다.

   예) 橘子 júzi 去 qù 也许 yěxǔ 汉语 Hànyǔ

5. 'uei', 'uen' 앞에 성모가 올 때는 'e'를 버리고 'ui', 'un'으로 표기한다.

   예) 贵 guì 春天 chūntiān

6. 'iou' 앞에 성모가 올 때는 'o'를 버리고 'iu'로 표기한다.

   예) 就是 jiùshì

7. 'i' 위에 성조표기 시에는 'i'에서 '•'은 삭제한다.

   예) 妻子 qīzi

8. 'a, o, e'로 시작하는 음절이 다른 음절과 연결될 경우, 격음부호『 ' 』를 쓴다.

예) 西安 Xī'ān

비교: 先 xiān

9. 문장의 첫 음절 병음과 고유명사 첫 음절 병음은 모두 대문자로 표기한다.

표현

사랑을 표현하는 문장들을 익혀 봅시다.

Wǒmen hǎoxiàng zài nǎr jiànguo.
1. 我们 好像 在哪儿见过。 우리 어디서 본 것 같아요.

Nǐ de yǎnjing zhēn piàoliang !
2. 你的 眼睛 真 漂亮！ 눈이 정말 예뻐요!

Wǒ duì nǐ yíjiàn zhōngqíng.
3. 我 对 你 一见 钟情。 첫눈에 반했어요.

Wǒ kěyǐ gěi nǐ dǎ diànhuà ma ?
4. 我 可以 给 你 打 电话 吗? 전화해도 돼요?

Zhōumò nǐ yǒu kòng ma ?
5. 周末 你 有 空 吗? 주말에 시간 있어요?

Bújiàn búsàn.
6. 不见不散。 꼭 봐요.

Hǎojiǔ bújiàn !
7. 好久不见！ 오랜만입니다!

8\. Nǐ guò de hǎo ma?
你 过 得 好 吗? 잘 지냈어요?

9\. Nǐ xǐhuan shénme yàng de rén?
你 喜欢 什么 样 的 人? 어떤 사람 좋아해요?

10\. Nǐ xǐhuan wǒ ma?
你 喜欢 我 吗? 나 좋아해?

11\. Wǒmen jiāowǎng ba!
我们 交往 吧! 우리 사귀자!

12\. Nǐ wèn wǒ ài nǐ yǒu duō shēn?
你 问 我爱你 有 多 深?
당신은 내가 당신을 얼마나 사랑하는지 물었죠?

재미있는 발음 연습

따라서 읽다 보면 발음, 성조를 연습할 수 있어요.

Xiǎo wáng hé xiǎo huáng,
小 王 和 小 黄，

Yí kuài huà fèng huáng.
一 块 画 凤 凰。

Xiǎo wáng huà huáng fèng huáng,
小 王 画 黄 凤 凰，

Xiǎo huáng huà hóng fèng huáng.
小 黄 画 红 凤 凰。

Hóng fèng huáng huáng fèng huáng,
红 凤 凰 黄 凤 凰，

Zhī zhī huà chéng huó fèng huáng,
只 只 画 成 活 凤 凰，

Wàng zhe xiǎo wáng hé xiǎo huáng.
望 着 小 王 和 小 黄。

연습 문제

1. 성조와 함께 큰소리로 병음 읽어보기

	u	ua	uo	uai	ui (uei)	uan	un (uen)	uang	ueng
z	zu		zuo		zui	zuan	zun		
c	cu		cuo		cui	cuan	cun		
s	su		suo		sui	suan	sun		
zh	zhu	zhua	zhuo	zhuai	zhui	zhuan	zhun	zhuang	
ch	chu	chua	chuo	chuai	chui	chuan	chun	chuang	
sh	shu	shua	shuo	shuai	shui	shuan	shun	shuang	
r	ru	rua	ruo		rui	ruan	run		

2. 운모 구별하기

zhuāi zhuī shuán shuáng

chǔn chuǎn ruàn ruà

3. 성모 구별하기

zhuǐ zuǐ cù qù

xūn sūn rú lú

4. 성조 구별하기

zhuàng zāng ruǐ suí

chán cǎn sǎn shán

중국이야기

중국인의 현실적 사고

중국속담에 "돈이 있으면 귀신에게 맷돌을 돌리게 할 수 있다(有錢能使鬼推磨)"는 말이 있다. 그만큼 돈이 귀중하고 절대적 가치라는 것이다. 또 구정에 새해 인사를 하는 말로 우리는 "새해 복 많이 받으세요" 하지만 중국은 "돈 많이 벌어 부자 되세요(恭喜发财)"라고 말한다. 중국인들이 돈에 대한 의미는 문화 곳곳에서 보이는데 장례문화에서도 잘 나타난다. 사람이 죽어 장례를 치를 때 망자에게 저승에 가서도 쓰라고 종이로 만든 지전을 태워 준다.

또 결혼 문화에 있어서도 신랑은 신부에게 반드시 지참금을 주어야 한다. 이런 물질중심적 사고는 유교의 현세관에서 기인한다고 볼 수 있다. 무소유와 공(空) 사상을 펴는 불교가 중국에 들어왔지만 중국인은 절에 가서도 돈 많이 벌게 해달라고 소원을 빈다. 오늘날 사회주의 국가인 중국이 이렇게 급속한 경제성장을 할 수 있는 이유도 기본적으로 그들에게는 물질을 중시하는 현실주의적 유교관이 바탕에 깔려 있기 때문이라고 볼 수 있다.

Part 1

발음부터 기초문형까지

4과

소개하기

介绍

4-1 자기소개

본 문

Nǐmen hǎo ! (Dàjiā hǎo !)
1. 你们 好！（大家 好！） 여러분 안녕하세요!

Wǒ jiào Lǐ jùnxī.
2. 我 叫 李俊锡。 저는 이준석이라고 합니다.

Wǒ shì Hánguórén.
3. 我 是 韩国人。 저는 한국사람입니다.

Wǒ shì Zhōngwén xì dà yī de xué sheng.
4. 我 是 中文 系 大一 的 学生。 저는 중문과 1학년 학생입니다.

Wǒ xǐhuan Zhōngguó wénhuà, xǐhuan chī Zhōngguó cài.
5. 我 喜欢 中国 文化，喜欢 吃 中国 菜。 저는 중국문화를 좋아하고 중국음식 먹기를 좋아합니다.

단 어

□ □	大家	dàjiā	모두, 여러분	
□ □	叫	jiào	부르다, 불리다	
□ □	文化	wénhuà	문화	
□ □	中国菜	Zhōngguó cài	중국요리	

기본문형과 표현

1. 중국어의 기본 어순

주어 + 술어(동사, 형용사 등) + 목적어

중국어의 가장 기본 문형은 주어, 술어, 목적어로 구성된 문장이다.

1) **是** : '~이다, 입니다'의 뜻을 가지는 동사이다. 주로 'A 是 B'의 형태로 많이 사용되며, 동사 '是'의 뒤에 오는 부분은 주어를 설명하는 역할을 한다. '是'자문의 부정형은 '是'앞에 부정 부사 '不'를 붙인다.

예)	我**是**学生。	나는 학생입니다.
	他**不是**老师。	그는 선생님이 아닙니다.

2) **喜欢** : '~를 좋아하다', '~하기를 좋아하다'의 뜻을 가지는 동사로 명사, 동사, 명사구 등 다양한 목적어를 동반할 수 있다.

예)	我**喜欢**外语。	나는 외국어를 좋아하다.
	我**喜欢**学习外语。	나는 외국어 배우기를 좋아하다.

2. 조사 '~的'

중국어에서 단어나 구 사이에 문법관계를 나타낼 수 있는 단어를 '조사'라고 한다. 그 중에서는 '~的'는 앞 뒤의 단어의 소유나 소속관계를 나타내는 구조조사이다. 하지만 중심어가 친척이나 친구 또는 소속 단체일 경우에는 생략도 가능하다.

예)	我**的**书	내 책	我**的**手表	내 시계
비교:	我朋友	내 친구	我们学校	우리 학교

본 문

Wǒ xiǎng qù Zhōngguó liúxué.
6. 我 想 去 中国 留学。 저는 중국에 유학 가고 싶습니다.

Wǒ xiǎng jiāo Zhōngguó péngyou.
7. 我 想 交 中国 朋友。 저는 중국친구를 사귀고 싶습니다.

Wǒ xiǎng xué Hànyǔ.
8. 我 想 学 汉语。 저는 중국어를 배우고 싶습니다.

Wǒ xuéxí hěn nǔlì.
9. 我 学习 很 努力。 저는 아주 열심히 공부합니다.

Rènshi nǐmen hěn gāoxìng!
10. 认识 你们 很 高兴！ 여러분 알게 되어 기뻐요.

단 어

□□	想	xiǎng	~하고 싶다	
□□	去	qù	가다	
□□	留学	liúxué	유학	
□□	交	jiāo	사귀다, 교제하다	
□□	朋友	péngyou	친구	
□□	努力	nǔlì	노력하다	
□□	认识	rènshi	알다, 인식하다	
□□	高兴	gāoxìng	기쁘다	

기본문형과 표현

1. 조동사 '想'

'想'은 중국어 조동사 혹은 능원동사라고 불리는 동사에 속하며, 소망이나 바람을 표현한다. '~하고 싶다', '~하려고 생각한다'의 뜻을 가지며, 뒤에 다른 술어나 술어성 목적어를 동반한다. 부정으로는 '不想'을 쓴다.

예) 我想去中国。 중국에 가고 싶다.
我想看电影。 영화를 보고 싶다.
我不想去中国。 중국에 가고 싶지 않다.
我不想看电影。 영화를 보고 싶지 않다.

2. 부사 '很'

'很'은 '매우', '아주'의 뜻을 가진 부사로, 이런 종류의 부사를 '정도부사'라고 한다. 부사는 단독으로 쓰이지는 않으며, 뒤에 동사나 형용사를 동반하고 이를 수식하는 역할을 한다. 그 중에서도 '很'은 정도부사 중에 가장 활용도가 높은 부사이다.

예) 她很漂亮。 그녀는 아주 예쁘다.
你的汉语很好。 당신 중국어는 매우 좋습니다.
我很喜欢听音乐。 나는 음악 듣기를 매우 좋아합니다.

4-2 가족소개

본 문

Wǒ lái jièshào yí xià, wǒ jiā yǒu wǔ kǒu rén.
我 来 介绍 一 下, 我 家 有 五 口 人。

Bàba, māma, jiějie, dìdi hé wǒ.
爸爸、妈妈、姐姐、弟弟 和 我。

Bàba shì gōngwùyuán, zài yóujú gōng zuò.
爸爸 是 公务员, 在 邮局 工作。

Māma bù gōngzuò, shì jiātíng zhǔfù.
妈妈 不 工作, 是 家庭主妇。

Wǒ jiějie jīnnián èrshísān suì, tā gèzi hěn gāo,
我 姐姐 今年 二十三 岁, 她 个子 很 高,

tā shì kōngjiě.
她 是 空姐。

Dìdi shì zhōngxuéshēng, tā hěn cōngmíng.
弟弟 是 中学生, 他 很 聪明。

Wǒ shì dàxuéshēng, wǒ duì guójì màoyì hěn gǎn xìngqù.
我 是 大学生, 我 对 国际 贸易 很 感 兴趣。

Yǐhòu, wǒ xiǎng zhǎo yǔ Zhōngguó yǒuguān de gōngzuò.
以后, 我 想 找 与 中国 有关 的 工作。

단 어

□□	介绍	jièshào	소개하다	
□□	家	jiā	집	
□□	口	kǒu	식구를 세는 단위	
□□	爸爸	bàba	아빠	
□□	妈妈	māma	엄마	
□□	姐姐	jiějie	언니	
□□	弟弟	dìdi	남동생	
□□	公务员	gōngwùyuán	공무원	
□□	邮局	yóujú	우체국	
□□	工作	gōngzuò	일, 일하다	
□□	家庭主妇	jiātíng zhǔfù	가정주부	
□□	岁	suì	세, 살	
□□	个子	gèzi	키	
□□	高	gāo	높다, 크다	
□□	空姐	kōngjiě	항공 승무원	
□□	中学生	zhōngxuéshēng	중 고등학생	
□□	聪明	cōngmíng	총명하다	
□□	大学生	dàxuéshēng	대학생	
□□	对	duì	~대하여	
□□	国际贸易	guójì màoyì	국제무역	
□□	感兴趣	gǎn xìngqù	흥미가 있다	
□□	以后	yǐhòu	이후	
□□	找	zhǎo	찾다	
□□	与	yǔ	~와, ~과	
□□	中国	Zhōngguó	중국	
□□	有关	yǒuguān	관계가 있다	

본문해석

내가 소개할게요, 우리 가족은 5명입니다.
아빠 엄마 누나 동생 그리고 저 입니다.
아빠는 공무원이고 우체국에서 일해요.
엄마는 일은 하지 않고 가정주부 입니다.
누나는 올해 23살이고 키가 매우 크고 항공 승무원입니다.
동생은 중학생이고 아주 똑똑합니다.
나는 대학생이고 국제무역에 아주 관심이 많습니다.
앞으로 중국과 관련된 일을 찾고 싶습니다.

기본문형과 표현

1. 중국어 숫자와 세는 방법

一 (yī, 일)	二 (èr, 이)	三 (sān, 삼)	四 (sì, 사)	五 (wǔ, 오)
六 (liù, 육)	七 (qī, 칠)	八 (bā, 팔)	九 (jiǔ, 구)	十 (shí, 십)
	百 (bǎi, 백)	千 (qiān, 천)	万 (wàn, 만)	

중국어에서는 사람이나 물건을 셀 때는 그 단어에 해당하는 양사를 사용합니다. 예를 들면, 본문에서 사용된 '口'는 식구를 셀 때 사용되는 양사입니다.

수사 + 양사 + 명사

예) 四口人 식구 네 명　　三个学生 학생 세 명
一本书 책 한 권　　五杯咖啡 커피 다섯 잔

[주의] '二' 과 '两'
'二'과 '两'은 모두 '2'를 나타낸다. 하지만 일반적으로 '两'은 숫자 천단위 이상에 사용되거나 양사 앞, 즉 수량을 나타낼 때 사용되며, 그 외에는 '二'를 사용한다.

예) 两个人 두 사람　　两万三千零五十 23050
二十二 22　　二月 二号 2월 2일

2. 전치사 '在', '对'

중국어에는 영어의 전치사와 비슷한 역할을 하는 전치사, 중국어로는 개사(介词)라 불리는 품사가 있다.

전치사 + 명사, 명사구

전치사는 명사 혹은 명사구와 함께 '전치사구'를 만들어 '부사어'로 활용되며, 대부분 술어 앞에 위치한다. 전치사의 종류는 다양하며, 장소나 시간, 원인, 대상 등을 표현한다.

예) 他**在**邮局工作。 그는 우체국**에서** 일한다.
(장소)

我**在**教室学习汉语。 나는 교실**에서** 중국어를 공부한다.
(장소)

我**对**汉语很感兴趣。 나는 중국어**에** 관심이 매우 많다.
(대상)

* 한국어의 조사 '은, 는, 이, 가, 을, 를, 에, 에게'의 역할을 중국어 전치사(개사)가 한다.

3. 형용사 술어문과 명사 술어문

중국어에서는 많은 경우 동사가 술어가 되지만, 형용사나 일부 명사도 술어가 될 수 있다.

1) 형용사 술어문

형용사가 술어로 직접 쓰인 문장을 '형용사술어문'이라 하고, 단독으로 쓰이는 경우는 많지 않고, '很'과 같은 부사 등의 수식을 받고 부정은 '不'로 한다.

예) 我很聪明。 나는 똑똑하다.
她不漂亮。 그녀는 예쁘지 않다.

2) 명사 술어문

명사가 술어로 직접 쓰인 문장을 '명사술어문'이라 하고, 주로 시간, 연령, 날짜, 본적, 수량 등에 사용된다. 부정형은 '不是'를 넣어준다.

예) 小李二十一岁。 → 小李不是二十一岁。
샤오리는 21살이다. 샤오리는 21살이 아니다.

明天星期五。 → 明天不是星期五。
내일은 금요일이다. 내일은 금요일이 아니다.

연습 문제

1. 정확하게 병음을 읽고 중국어로 써보기

1) Hánguó　　2) xǐhuan
3) Zhōngguó　　4) yóujú

2. 녹음을 듣고 중국어로 단어를 완성한 후, 한국어로 뜻 써보기

1) 介(　　)　　2) 高(　　)
3) (　　)力　　4) (　　)生

3. 병음과 성조를 정확하게 보고 문장 읽어보기

Wǒ lái jièshào yí xià, wǒ jiā yǒu sān kǒu rén.
我 来 介绍一下, 我 家 有 三口人。

Bàba, māma hé wǒ.
爸爸、妈妈 和 我。

Bàba shì gōngwùyuán, māma shì jiātíng zhǔfù.
爸爸 是 公务员, 妈妈 是 家庭主妇。

Wǒ shì Zhōngwén xì dà yī de xuéshēng.
我 是 中文系 大一的 学生。

연습 문제

4. 다음 단어를 적절하게 배열하여 중국어 문장 만들기

1) 我家 / 五 / 有 / 人 / 口

2) 我 / 国际贸易 / 很 / 对 / 感兴趣

3) 学生 / 的 / 大一 / 是 / 我 / 中文系

5. 자신의 상황에 맞게 중국어로 "**가족소개**" 해보기

중국어 음절표

	a	o	e	ê	-i	er	ai	ei	ao	ou	an	en	ang	eng	ong	i	ia	iao	ie	iou (iu)
b	ba	bo					bai	bei	bao		ban	ben	bang	beng		bi		biao	bie	
p	pa	po					pai	pei	pao	pou	pan	pen	pang	peng		pi		piao	pie	
m	ma	mo					mai	mei	mao	mou	man	men	mang	meng		mi		miao	mie	miu
f	fa	fo						fei		fou	fan	fen	fang	feng						
d	da		de				dai	dei	dao	dou	dan	den	dang	deng	dong	di		diao	die	diu
t	ta		te				tai		tao	tou	tan		tang	teng	tong	ti		tiao	tie	
n	na		ne				nai	nei	nao	nou	nan	nen	nang	neng	nong	ni		niao	nie	niu
l	la		le				lai	lei	lao	lou	lan		lang	leng	long	li	lia	liao	lie	liu
g	ga		ge				gai	gei	gao	gou	gan	gen	gang	geng	gong					
k	ka		ke				kai	kei	kao	kou	kan	ken	kang	keng	kong					
h	ha		he				hai	hei	hao	hou	han	hen	hang	heng	hong					
j																ji	jia	jiao	jie	jiu
q																qi	qia	qiao	qie	qiu
x																xi	xia	xiao	xie	xiu
zh	zha		zhe		zhi		zhai	zhei	zhao	zhou	zhan	zhen	zhang	zheng	zhong					
ch	cha		che		chi		chai		chao	chou	chan	chen	chang	cheng	chong					
sh	sha		she		shi		shai	shei	shao	shou	shan	shen	shang	sheng						
r	ra		re		ri				rao	rou	ran	ren	rang	reng	rong					
z	za		ze		zi		zai	zei	zao	zou	zan	zen	zang	zeng	zong					
c	ca		ce		ci		cai		cao	cou	can	cen	cang	ceng	cong					
s	sa		se		si		sai		sao	sou	san	sen	sang	seng	song					
零声母	a	o	e	ê	-i	er	ai	ei	ao	ou	an	en	ang	eng	ong	yi	ya	yao	ye	you

	ian	in	iang	ing	iong	u	ua	uo	uai	uei (ui)	uan	uen (un)	uang	ueng	ü	üe	üan	ün
b	bian	bin		bing		bu												
p	pian	pin		ping		pu												
m	mian	min		ming		mu												
f						fu												
d	dian			ding		du		duo		dui	duan	dun						
t	tian			ting		tu		tuo		tui	tuan	tun						
n	nian	nin	niang	ning		nu		nuo			nuan				nü	nüe		
l	lian	lin	liang	ling		lu		luo			luan	lun			lü	lüe		
g						gu	gua	guo	guai	gui	guan	gun	guang					
k						ku	kua	kuo	kuai	kui	kuan	kun	kuang					
h						hu	hua	huo	huai	hui	huan	hun	huang					
j	jian	jin	jiang	jing	jiong										ju	jue	juan	jun
q	qian	qin	qiang	qing	qiong										qu	que	quan	qun
x	xian	xin	xiang	xing	xiong										xu	xue	xuan	xun
zh						zhu	zhua	zhuo	zhuai	zhui	zhuan	zhun	zhang					
ch						chu	chua	chuo	chuai	chui	chuan	chun	chang					
sh						shu	shua	shuo	shuai	shui	shuan	shun	shang					
r						ru	rua	ruo		rui	ruan	run						
z						zu		zuo		zui	zuan	zun						
c						cu		cuo		cui	cuan	cun						
s						su		suo		sui	suan	sun						
零声母	yan	yin	yang	ying	yong	wu	wa	wo	wai	wei	wan	wen	wang	weng	yu	yue	yuan	yun

중국이야기

중국의 음식문화

중국에서는 의식주(衣食住) 대신 식의주(食衣住)라는 말이 보편적으로 쓰일 정도로 중국인들은 식생활을 으뜸으로 한다. 그러나 예로부터 중국인의 음식섭취 목적은 단순히 맛있는 음식을 탐하는 것이 아니라 건강과 장수에 초점을 두고 있다.
이러한 특성은 의식동원(醫食同源)이라는 용어로 설명할 수 있는데, 즉 의약과 음식은 본래 그 뿌리가 하나라는 의미로 중국에서는 음식으로 몸을 보신하고 병을 예방 치료하여 장수에 도움이 된다는 인식이 보편화되어 있다. 곰, 자라, 고양이, 쥐, 벌레에 이르기까지 독특한 재료를 사용하는 중국요리는 불로장생의 사상과 밀접한 관계를 맺고 발전해 왔다. 또한 광대한 영토, 다양한 민족구성은 중국요리가 다채로운 형태와 독특한 맛을 갖게 한 중요한 배경이 된다.

〈중국 4대 지방요리〉

중국 사람들은 "네발 달린 것은 책상 빼고 다 먹고, 하늘을 나는 것은 비행기 빼고 다 먹고, 털 달린 것은 칫솔 빼고 다 먹는다"라고 말하는데, 그 만큼 중국에서 식탁에 올려지는 요리의 재료는 종류가 많아서 헤아릴 수도 없고, 먹는 방법도 다양하다. 대체로 색상, 향기, 맛(色 · 香 · 味), 그리고 모양(样)의 조화를 중국요리의 기준으로 삼고 있다. 일반적으로 중국 음식은 '동쪽은 음식이 맵고, 서쪽은 시고, 남쪽은 달고, 북쪽은 짜다' 라고 말한다. 지역마다 제각기 두드러진 특색을 가진 중국요리는 크게 황하 유역 - 북경요리(北京菜), 장강 하류 유역 - 상해요리(上海菜), 남부 연안지방 - 광동요리(廣東菜), 서부 사천대분지 - 사천요리(四川菜)로 나누어 진다. 일반적으로 북경요리는 진하고 기름진 편이고, 사천요리는 향신료와 마늘 파 고추 등을 많이 써 맵고, 광동요리는 간을 적게 하고, 기름을 적게 써 담백하며, 상해요리는 광동요리보다 더 달고 진한 맛이 난다.

Part2

기초에서 초급으로

5과

뭐 하세요?

你做什么?

5-1 나의 하루

5-2 주일 계획

5-1 나의 하루

본 문

我 早上 七点 起床， 刷牙、洗脸、吃早饭。
Wǒ zǎoshang qī diǎn qǐ chuáng, shuā yá、xǐ liǎn、chī zǎo fàn.

八点 我在 家门口 坐车去学校。
Bā diǎn wǒ zài jiā ménkǒu zuò chē qù xuéxiào.

九点我有课。
Jiǔ diǎn wǒ yǒu kè.

中午 十二点下课后，我和同学们一起去吃午饭。
Zhōngwǔ shí'èr diǎn xià kè hòu, wǒ hé tóngxuémen yìqǐ qù chī wǔfàn.

下午两点我去图书馆做作业。
Xiàwǔ liǎng diǎn wǒ qù túshūguǎn zuò zuòyè.

六点我坐车回家。
Liù diǎn wǒ zuò chē huíjiā.

明天 早上 有课，我想 早点儿睡觉。
Míngtiān zǎoshang yǒu kè, wǒ xiǎng zǎo diǎnr shuì jiào.

※ 중국어로 대답해 봅시다.

1) 你几点起床?
2) 你在学校做了什么?

단 어

□□	点	diǎn	시	
□□	起床	qǐ chuáng	일어나다	
□□	刷牙	shuā yá	양치하다	
□□	洗脸	xǐ liǎn	얼굴을 씻다	
□□	吃	chī	먹다	
□□	早饭	zǎo fàn	아침밥	
□□	门口	ménkǒu	문 앞, 입구	
□□	坐车	zuò chē	차를 타다	
□□	学校	xuéxiào	학교	
□□	午饭	wǔ fàn	점심밥	
□□	图书馆	túshūguǎn	도서관	
□□	做作业	zuò zuòyè	숙제 하다	
□□	明天	míngtiān	내일	
□□	早点	zǎo diǎn	좀 일찍	
□□	睡觉	shuì jiào	자다	

본문해석

나는 아침 7시에 일어나 이를 닦고 세수를 하고 아침을 먹는다.
8시에 나는 집 앞에서 차를 타고 학교를 간다.
9시에 수업이 있다.
정오 12시에 수업을 마친 후, 나는 친구들과 같이 점심을 먹는다.
오후 2시에 나는 도서관에 가서 숙제를 한다.
6시에 나는 차를 타고 집에 돌아 온다.
내일 아침에 수업이 있어 나는 일찍 자려고 한다.

기본문형과 표현

1. 시간표현

중국어로 시간과 어제, 오늘, 내일 등을 어떻게 표현할까요?
시간의 흐름 순서로 알아봅시다.

凌晨 língchén	早上 zǎoshang	上午 shàngwǔ	中午 zhōngwǔ	下午 xiàwǔ	傍晚 bàngwǎn	晚上 wǎnshang
새벽	아침	오전	정오	오후	저녁무렵	저녁, 밤
大前天 dàqiántiān	前天 qiántiān	昨天 zuótiān	今天 jīntiān	明天 míngtiān	后天 hòutiān	大后天 dàhòutiān
그끄저께	그저께	어제	오늘	내일	모레	글피
大前年 dàqiánnián	前年 qiánnián	去年 qùnián	今年 jīnnián	明年 míngnián	后年 hòunián	大后年 dàhòunián
재재작년	재작년	작년	금년	내년	내후년	내내후년

'~시 ~분'은 '~点 ~分（钟）'으로 나타낸다.

1시 05분 一点零五分
yī diǎn líng wǔ fēn

2시 20분 两点二十分
liǎng diǎn èrshí fēn

3시 30분 三点三十分, 三点半
sān diǎn sānshí fēn sān diǎn bàn

4시 45분 四点四十五分, 四点三刻
sì diǎn sìshíwǔ fēn sì diǎn sān kè

2. 연동문

동작이 두개 이상 나오는 문장으로, 일반적으로는 동작이 행해지는 순서에 따라 쓴다. 이때 동작에는 '술어 + 목적어'의 형태로 쓰이기도 한다.

본문) 我 去图书馆(술어1) 做作业(술어1)。 나는 도서관에 가서 숙제를 한다.

我 坐车(술어1) 回家(술어1)。 나는 차를 타고 집에 간다.

예) 孩子们都出去玩儿。 아이들은 모두 나가 논다.

爸爸天天来看我。 아버지는 매일 나를 보러 오신다.

3. '(一)点儿'

정해지지 않은 수량을 나타내는 것으로 '조금', '약간'이라는 뜻이 있으며, '一'를 생략해서 사용하는 경우가 많다.

동사, 형용사 + (一)点儿

예) 他胖了一点儿 。 그는 살이 조금 쪘다.

你今天早一点儿回来。 당신 오늘 좀 일찍 돌아오세요.

我买了一点儿东西。 나는 물건을 조금 샀다.

5-2 주일 계획

본 문

今天是四月十四号, 星期五。
Jīntiān shì sì yuè shísì hào, xīngqī wǔ.

我从 星期一到星期五都有课。
Wǒ cóng xīngqī yī dào xīngqī wǔ dōu yǒu kè.

下个星期我有期中考试。
Xià ge xīngqī wǒ yǒu qīzhōng kǎoshì.

这个周末我和朋友一起复习。
Zhège zhōumò wǒ hé péngyou yìqǐ fùxí.

下个星期六是爸爸的生日, 我们一起去吃饭。
Xià ge xīngqī liù shì bàba de shēngrì, wǒmen yìqǐ qù chī fàn.

晚上 全家人一起去看电影。
Wǎnshang quán jiā rén yìqǐ qù kàn diànyǐng.

※ 중국어로 대답해 봅시다.

1) 周末的时候你想做什么?

2) 你一个星期有几节课?

단 어

□□	月	yuè	월	
□□	号	hào	일, 호	
□□	星期	xīngqī	요일	
□□	从~ 到~	cóng ~ dào	~부터 ~까지	
□□	期中考试	qīzhōng kǎoshì	중간고사	
□□	复习	fùxí	복습하다	
□□	生日	shēngrì	생일	
□□	全家人	quán jiā rén	온 식구	
□□	一起	yìqǐ	함께, 같이	
□□	看	kàn	보다	
□□	电影	diànyǐng	영화	

본문해석

오늘은 4월 14일 금요일이다.
나는 월요일부터 금요일까지 모두 수업이 있다.
나는 다음주에 중간고사가 있다.
이번 주말에 나는 친구와 같이 복습을 한다.
다음주 토요일은 아버지의 생일이라 우리들은 같이 식사를 한다.
저녁에는 온 가족이 함께 영화를 본다.

기본문형과 표현

1. 날짜표현

중국어로 요일이나 년, 월, 일 등을 어떻게 표현하고 질문해야 할까?
과거, 현재, 미래의 날짜를 어떻게 표현하는지 알아보자.

월	화	수	목	금	토	일
星期一 xīngqī yī	星期二 xīngqī' èr	星期三 xīngqī sān	星期四 xīngqī sì	星期五 xīngqī wǔ	星期六 xīngqī liù	星期天(日) xīngqī tiān (rì)

'년, 월, 일'은 '年, 月, 日(号)'로 나타낸다.

2002년 → 二OO二年　　2017년 → 二O一七年
一月　　二月　　三月　　四月　　五月…
一号(日)　　二号(日)　　三号(日)
二十九号(日)　　三十号(日)

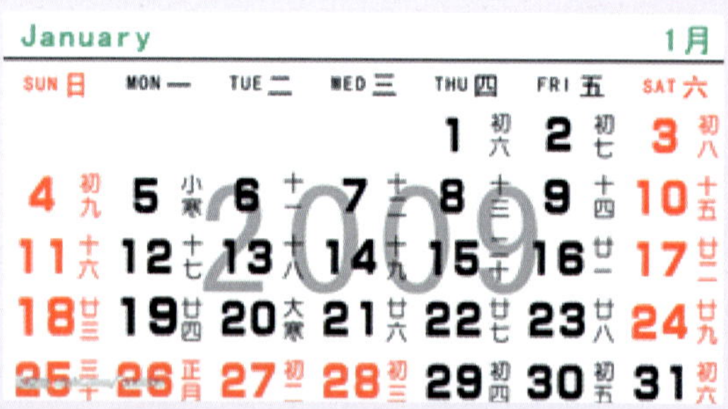

요일과 날짜는 어떻게 질문하나?

A: 今天星期几?　　오늘은 무슨 요일입니까?
B: 今天星期五。　　오늘은 금요일입니다.
A: 几月几号?　　몇 월 며칠입니까?
B: 5月3号。　　5월 3일입니다.

이 외에도 '지난 주, 이번 주, 다음 주'와 같이 과거, 현재, 미래를 표현할 수 있다.

지지난 주	지난 주	이번 주	다음 주	다다음 주
上上个星期 shàngshàng ge xīngqī	上个星期 shàng ge xīngqī	这个星期 zhè ge xīngqī	下个星期 xià ge xīngqī	下下个星期 xiàxià ge xīngqī
지지난 달	지난 달	이번 달	다음 달	다다음 달
上上个月 shàngshàng ge yuè	上个月 shàng ge yuè	这个月 zhè ge yuè	下个月 xià ge yuè	下下个月 xiàxià ge yuè

2. 시간과 장소를 표현하는 '从', '到'

从과 到는 시간의 시작시간 '~부터'와 도달시간 '~까지'를 나타내는 전치사이다. 이 전치사들은 장소를 나타내는 전치사로도 사용할 수 있는데, 从은 출발 장소, 到는 도착장소, 종점을 나타낸다.

예) 我 从一月十五号 到二十一号 去中国旅行。
(시간) (시간)
나는 1월 15일부터 21일까지 중국으로 여행간다.

从学校 到我家 需要三十分钟。
(장소) (장소)
학교에서 우리 집까지 30분이 걸린다.

연습 문제

1. 정확하게 병음을 읽고 중국어로 써보기

1) jīntiān　　2) qǐ chuáng
3) túshūguǎn　　4) zhōumò

2. 녹음을 듣고 중국어로 단어를 완성한 후, 한국어로 뜻 써보기

1) 睡(　　)　　2) 考(　　)
3) (　　)起　　4) (　　)习

3. 다음 문장을 정확하게 읽고 해석해 보기

1) Jīntiān zǎoshang wǒ qī diǎn qǐ chuáng.
今天 早上 我 七点 起床。

2) Jīntiān shì sì yuè shísì hào, xīngqī wǔ.
今天 是 四月十四号, 星期五。

3) Wǒ cóng xīngqī yī dào xīngqī wǔ dōu yǒu kè.
我 从 星期一到星期五都有课。

4. 다음 단어를 적절하게 배열하여 중국어 문장 만들기

1) 八点 / 在 / 家门口 / 去学校 / 我 / 坐车

2) 我 / 从 / 到 / 星期一 / 有课 / 都 / 星期五

3) 全家人 / 晚上 / 电影 / 看 / 去 / 一起

5. 자신의 상황에 맞게 중국어로 "**이번 주말 계획**"에 대하여 답해 보기

중국이야기_

중국인이 선호하는 것

예로부터 중화민족은 붉은색을 상서로움과 경사로움의 상징으로 여겼다. 이를테면 순결하고 선량한 효자를 "적자(赤子)"라고 부르고, 여성의 화려한 화장을 홍장(红装)이라 불렀다. 또한 홍안(红颜)은 여성들의 아름다운 얼굴을 가리키는 동시에 미인을 가리키기도 한다. 중화민족이 붉은색을 숭상하는 습속과 심리는 민족의 역사문화적인 것과 관계가 깊다. 붉은 색이 중국에서 고귀한 색깔로 칭송되기 시작한 것은 주(周)나라 때부터이다. 이후 관리들의 관복 제정에 반영되어 당상관인 1, 2, 3품 관리들만 붉은색 옷을 입었으며, 현대 중국 국기인 오성홍(五星红旗)로 계승되어 오고 있다. 결혼식이나 신년에는 반드시 붉은색의 옷을 입거나 홍등을 걸어서 집안의 경사를 표시하곤 한다. 또 결혼식, 생일과 같은 좋은 날에 다른 사람에게 축의금을 건 낼 때도 반드시 홍빠오(红包)라는 빨간 봉투에 넣어서 준다.

Part2

기초에서 초급으로

6과

물건 사기

买东西

6-1 내가 좋아하는 과일

6-2 마크와의 약속

6-1 내가 좋아하는 과일

본 문

我家附近有一个水果店。
Wǒ jiā fùjìn yǒu yí ge shuǐguǒ diàn.

这家水果店卖很多水果, 有桔子、苹果、梨、和 香蕉 等等。
Zhè jiā shuǐguǒ diàn mài hěn duō shuǐguǒ, yǒu júzi、 píngguǒ、 lí、 hé xiāngjiāo děng děng.

这家水果店的水果又新鲜又好吃。
Zhè jiā shuǐguǒ diàn de shuǐguǒ yòu xīnxiān yòu hǎochī.

我最喜欢苹果。
Wǒ zuì xǐhuan píngguǒ.

我 经常 去水果店买苹果。
Wǒ jīngcháng qù shuǐguǒ diàn mǎi píngguǒ.

※ 중국어로 대답해 봅시다.

1) 你喜欢什么水果?
你经常买什么水果?

2) 你在哪里买水果?

단 어

□□	附近	fùjìn	가까운, 근처	
□□	水果店	shuǐguǒ diàn	과일가게	
□□	卖	mài	팔다	
□□	桔子	júzi	귤	
□□	苹果	píngguǒ	사과	
□□	梨	lí	배	
□□	香蕉	xiāngjiāo	바나나	
□□	又~ 又~	yòu ~ yòu ~	~하고 또 ~하다	
□□	新鲜	xīnxiān	신선하다	
□□	好吃	hǎochī	맛있다	
□□	经常	jīngcháng	자주, 항상	

본문해석

우리 집 근처에는 과일가게가 하나 있다.
이 가게에는 귤, 사과, 배, 바나나 등 많은 과일을 판다.
이 과일가게의 과일은 신선하고도 맛있다.
나는 사과를 가장 좋아한다.
나는 항상 과일가게에 가서 사과를 산다.

기본문형과 표현

1. '一', '不'의 특별한 성조변화

1) '一'의 성조는 원래 1성이지만, 그 뒤에 제1성, 제2성, 제3성이 이어질 때는 제4성으로 변하고, 그 뒤에 제4성이 올 때는 제2성으로 변하며, 단음절 동사의 중첩시에는 경성으로 변한다.

예) 一生 yīshēng → yìshēng
一同 yītóng → yìtóng
一点 yīdiǎn → yìdiǎn
一样 yīyàng → yíyàng
等一等 děng yī děng → děng yi děng

2) '不'는 원래 제4성인데, 이것이 제1, 제2, 제3성과 결합할 때는 아무런 변화가 없고, 다만 제4성 글자와 결합될 때는 제2성으로 변한다. 또한 술어(동사 혹은 형용사)의 긍정형과 부정형이 연속되는 정반의문문의 경우에 '不'는 경성으로 읽는다.

예) 不 + 제1성 : 不吃 bù chī
不 + 제2성 : 不行 bùxíng
不 + 제3성 : 不好 bù hǎo
不 + 제4성 : 不要 bùyào → búyào
看不看 kàn bú kàn → kàn bu kàn

2. 부사의 기능과 의미

본문 중의 '很', '又~又~', '最', '经常'은 모두 부사이다.
부사는 술어나 문장을 수식하는 품사로, 시간, 범위, 정도, 부정, 빈도, 어기(말하는 사람의 태도나 기분) 등을 표현한다. 위치가 비교적 자유롭고, 다양한 종류를 가지고 있기 때문에 의미 종류별로 정리하는 것도 좋다. 대부분의 부사는 동사, 형용사를 수식하며 술어의 앞에 오며 여러 개의 부사가 동시에 사용되기도 한다.

예) 他**刚**回家。(시간) 그는 방금 집에 갔다.

我跟朋友**一起**去看电影。(범위) 나는 친구와 함께 영화를 보러갔다.

北京秋天的天气**最**好。(정도) 북경은 가을 날씨가 최고 좋다.

我们**经常**到公园散步、聊天。(빈도) 우리는 자주 공원에 가서 산책하고 이야기를 나눈다.

3. 好 + 동사

'好' + 동사가 결합하면 '~하기 좋다'의 의미를 가진다.

예) 好 + 吃 hǎochī 먹기 좋다, 맛있다
好 + 看 hǎokàn 보기 좋다, 예쁘다
好 + 听 hǎotīng 듣기 좋다

6-2 마크와의 약속

본 문

今天中午马克给我打电话。
Jīntiān zhōngwǔ Mǎkè gěi wǒ dǎ diànhuà.

他问我星期六能不能一起去买衣服。
Tā wèn wǒ xīngqī liù néng bu néng yìqǐ qù mǎi yīfu.

快到夏天了, 马克还没有夏天的衣服。
Kuàidào xiàtiān le, Mǎkè hái méiyǒu xiàtiān de yīfu.

他想 买T恤衫和短裤。
Tā xiǎng mǎi tī xùshān hé duǎn kù.

东大门的衣服又便宜又好看。
Dōngdàmén de yīfu yòu piányi yòu hǎokàn .

我们星期六一起去东大门买衣服。
Wǒmen xīngqī liù yìqǐ qù dōngdàmén mǎi yīfu.

※ 중국어로 대답해 봅시다.

1) 快到夏天了, 你想买什么?

단 어

□□	中午	zhōngwǔ	정오, 낮	
□□	能	néng	~할 수 있다	
□□	买	mǎi	사다	
□□	衣服	yīfu	옷, 의복	
□□	快到	kuàidào	곧 도착하다	
□□	夏天	xiàtiān	여름	
□□	T恤衫	tī xùshān	티셔츠	
□□	短裤	duǎn kù	반바지	
□□	便宜	piányi	싸다	
□□	好看	hǎokàn	보기 좋다	

본문해석

오늘 낮에 마크가 나에게 전화를 했다.
그는 내가 토요일에 함께 옷을 사러 갈 수 있는지 물었다.
곧 여름이 되는데 마크는 아직 여름 옷이 없다.
마크는 티셔츠와 반바지를 사려고 한다.
동대문의 옷은 싸고 또 예쁘다.
우리들은 토요일에 함께 동대문에 가서 옷을 살 것이다.

기본문형과 표현

1. 의문문 만들기

중국어에서 의문문을 만드는 방법은 크게 5가지 정도로 나눈다.

① 문장 끝에 '吗'를 붙이는 의문문
② 정반의문문
③ 의문대명사를 포함한 의문문
④ 선택의문문
⑤ 어기조사를 포함한 의문문

1) '吗'를 붙이는 의문문

중국어에서 의문문을 만드는 가장 일반적인 방법은 평서문 끝에 '吗'를 붙이는 것이다.

예) 您是老师**吗**? 선생님이신가요?
你冷**吗**? 춥습니까?

2) 정반의문문

정반의문문이란 동사 혹은 형용사의 긍정형과 부정형을 병렬시켜 만든 의문문이다.

예) 他**是不是**学生? 그는 학생입니까?
他**能不能**来? 그는 올 수 있나요?
(* 조동사와 동사가 있는 문장에서는 조동사를 병렬)
你**去不去**(啊)? 가니?

3) 의문대명사를 포함하는 의문문

언제, 누가, 어디서, 어떻게 등의 의문대명사를 포함하면 다른 의문문 형식을 쓰지 않아도 의문문이 된다.

주요 의문대명사를 정리해 봅니다.

사람/사물	谁 shuí (누구) 什么 shénme (무엇) 哪 nǎ (어느)	방법, 원인	怎么 zěnme (왜) 怎样 zěnyàng (어떻게 해서) 怎么样 zěnmeyàng (어떤, 어떻게) 为什么 wèishénme (왜)
시간	什么时候 shénmeshíhòu (언제)	장소	哪儿 nǎr (어디) 哪里 nǎlǐ (어디)
수량	几 jǐ (몇) 多少 duōshǎo (몇)	정도	多 duō (어느)

예) 这是**什么**? 이것은 무엇입니까?

他是**谁**? 그는 누구입니까?

你是**哪**国人? 당신은 어느 나라 사람입니까?

你妈妈在**哪儿**? 당신 어머님은 어디 계시나요?

什么时候放假? 언제 방학입니까?

我该**怎么**做? 내가 어떻게 해야 하나요?

你**为什么**不说? 왜 말하지 않았니?

多少钱? 얼마입니까?

2. 부정문 만들기, 부사 '不'와 '没'

동사나 형용사 앞에 부정부사 '不'나 '没'를 쓰면 '~하지 않는다'는 부정의 표현이 된다. 일반적으로 동사는 현재나 미래를 나타내는 동사나 심리 상태를 나타내는 동사 등은 부정부사 '不'로 부정하고 과거나 완료된 동작, 동사 '有'는 '没'로 부정한다.

예) 我喜欢运动。 → 我不喜欢运动。 나는 운동하기를 좋아하지 않는다.
他会游泳。 → 他不会游泳。 그는 수영을 할 줄 모른다.
他有女朋友。 → 他没有女朋友。 그는 여자친구가 없다.
他今天来学校。 → 他今天没来学校。
그는 오늘 학교에 안 왔다.(과거)
他今天不来学校。
그는 오늘 학교 안 온다/올거다.(현재/미래)

형용사는 일반적으로 '不'로 부정한다.

예) 今天不冷。 오늘은 춥지 않다.
她以前不漂亮。 그녀는 예전에 예쁘지 않았다.

3. 전치사 '给'

전치사 '给'는 '~에게'의 뜻을 나타내며, '~에게 ~을 해주다'의 의미도 포함한다.

예) 爸爸给我买书。 아버지는 나에게 책을 사줬다.
她给我介绍这儿的情况。 그녀는 나에게 이 곳의 상황을 소개했다.

연습 문제

1. 정확하게 병음을 읽고 중국어로 써보기

1) shuǐguǒ　　2) píngguǒ

3) dǎ diànhuà　　4) yīfu

2. 녹음을 듣고 중국어로 단어를 완성한 후, 한국어로 뜻 써보기

1) 附(　)　　2) 新(　)

3) (　)天　　4) (　)宜

3. 다음 문장을 정확하게 읽고 해석해 보기

Wǒ jīngcháng qù shuǐguǒ diàn mǎi píngguǒ.

1) 我 经常 去 水果店 买 苹果。

Tā xiǎng mǎi tī xùshān hé duǎn kù.

2) 他 想 买 T恤衫 和 短裤。

Dōngdàmén de yīfu yòu piányi yòu hǎokàn.

3) 东大门 的 衣服 又 便宜 又 好看。

연습 문제

4. 단어를 적절하게 배열하여 중국어 문장 만들기

1) 我家 / 水果店 / 一个 / 附近 / 有

2) 水果店 / 水果 / 新鲜 / 好吃 / 又 ~ 又 / 的 / 这家

3) 衣服 / 没有 / 夏天 / 马克 / 还 / 的

5. 자신의 상황에 맞게 중국어로 "**마트에 가서 사고 싶은 물건**"에 대하여 답해 보기

중국이야기

중국의 세계문화유산 : 석림(石林) 카르스트지구

중국 운남성의 석림(石林), 귀주성의 지파(荔波), 중경의 무륭(武隆) 지역은 대표적인 카르스트 지형이다. 석림은 칼이나 탑 같은 모양의 바위들이 숲을 이루고 있다. 귀주성의 지파는 종모양의 산봉우리들이 끝없이 펼쳐진다. 중경의 무륭지역은 깊은 협곡형태의 카르스트 지형이 장관을 이룬다. 중국 남방의 이런 카르스트 지형은 50만년에서 3억년 전에 만들어졌으며 전체면적이 1460평방 킬로미터나 된다고 한다. 기이하고 웅장한 여러 모양의 카르스트 지형의 바위들은 천혜의 볼거리를 제공하고 있다. 사람들은 이곳들을 '세상에서 제일 기이한 광경(天下第一奇觀)'이라고 칭한다. 또한 귀주의 지파(荔波)지역에는 여러 소수민족이 살고 있어서 '중국에서 가장 아름다운 지역'으로 선정되었고 2007년 세계자연유산에 등재되었다.

중국이야기_

중국의 세계 문화유산 : 티벳의 포탈라궁

티벳의 수도 라싸에 위치한 포탈라궁은 티벳불교를 대표하는 건축물로 세계 7대 불가사의 중 하나이다. '포탈라'라는 이름은 불교에서 관세음보살이 사는 산인 포탈라카 산에서 비롯되었다고 한다. 해발 3천미터에 위치한 포탈라궁은 높이가 117미터에 달하며 내부에는 궁전, 불당, 독경실, 침실, 영탑전(靈塔殿), 정원 등이 있어 티벳의 불교 문화와 예술을 대표하고 있다. 서기 641년에 토번(吐蕃) 왕국의 송첸캄포 왕이 당나라에서 시집온 아내 문성공주와 살기 위해 처음 지어졌다는 이야기가 있지만 사실은 그 이전에 이미 완성되었다. 처음 이름은 홍산궁전(紅山宮殿)이었다. 지금 있는 건물은 17세기에 달라이 라마 5세가 지었으며 1645년까지 수차례의 증축을 통해 완성된 것이라고 한다. 1994년 세계 문화유산으로 등재되었다.

Part2

기초에서 초급으로

7과

어디 가세요?

去哪儿?

7-1 우리 학교 소개

7-2 우리 집 근처

7-1 우리 학교 소개

본 문

我们学校有教学楼、图书馆、体育馆、学生 宿舍
Wǒmen xuéxiào yǒu jiàoxuélóu、túshūguǎn、 tǐyùguǎn、 xuéshēng sùshè

和 学生 中心 等等。
hé xuéshēng zhōngxīn děng děng.

学生 中心 在图书馆对面，我最喜欢去 那儿。
Xuéshēng zhōngxīn zài túshūguǎn duìmiàn, wǒ zuì xǐhuān qù nàr.

学生 中心 的一楼有超市和银行，二楼有邮局。
Xuéshēng zhōngxīn de yī lóu yǒu chāoshì hé yínháng, èr lóu yǒu yóujú.

三楼有书店，可以去那儿买教材。
Sān lóu yǒu shūdiàn, kěyǐ qù nàr mǎi jiàocái.

四楼是咖啡厅，下课后我 经常 去那儿，一边喝咖啡
Sì lóu shì kāfēitīng, xià kè hòu wǒ jīngcháng qù nàr, yìbiān hē kāfēi

一边和朋友聊天。五楼是健身房。
yìbiān hé péngyou liáotiān. Wǔ lóu shì jiànshēnfáng.

学生 中心的后面就是学生宿舍，我住在那儿。
Xuéshēng zhōngxīn de hòumiàn jiùshì xuéshēng sùshè, wǒ zhùzài nàr.

※ 중국어로 대답해 봅시다.

1) 下课后, 你经常去哪儿?

단 어

□□	教学楼	jiàoxuélóu	강의동	
□□	体育馆	tǐyùguǎn	체육관	
□□	宿舍	sùshè	기숙사	
□□	中心	zhōngxīn	센터, 중심	
□□	等等	děng děng	등등	
□□	对面	duìmiàn	맞은 편	
□□	楼	lóu	층, 건물	
□□	超市	chāoshì	슈퍼마켓	
□□	银行	yínháng	은행	
□□	书店	shūdiàn	서점	
□□	可以	kěyǐ	~할 수 있다	
□□	那儿	nàr	거기, 그 곳	
□□	教材	jiàocái	교재	
□□	咖啡厅	kāfēitīng	카페, 커피숍	
□□	喝	hē	마시다	
□□	聊天	liáo tiān	이야기하다	
□□	健身房	jiànshēnfáng	헬스클럽	
□□	后面	hòumiàn	뒤쪽, 뒷부분	
□□	住在	zhùzài	~에 살다	

본문해석

우리 학교에는 강의동, 도서관, 체육관, 기숙사와 학생(복지)센터 등이 있다.
학생(복지)센터는 도서관 맞은편에 있으며 나는 그곳에 가는 것을 좋아한다.
학생(복지)센터의 1층에는 슈퍼와 은행이 있고, 2층에는 우체국이 있다.
3층에는 서점이 있어서 그곳에 가서 교재를 살 수 있다.
4층은 커피숍인데 수업이 끝난 후 나는 자주 그곳에 가서 커피를 마시면서 친구들과 이야기 한다. 5층은 헬스장이다.
학생(복지)센터의 뒤쪽은 바로 학생기숙사로 나는 그곳에 살고 있다.

기본문형과 표현

1. 사람과 사물의 존재를 표현하는 동사 '是', '在', '有'

중국어에서 '~있다' 혹은 '이다'의 뜻으로 존재를 표현하는 동사로 '是, 在, 有'가 있다. 이 동사들은 사물이나 사람의 존재를 표현하는 동사로 형식이 조금씩 다르기 때문에 구별하여 알아둘 필요가 있다.

1) '有'를 술어로 사용하는 문장은 일반적으로 소유와 존재를 나타낸다. 장소명사가 주어이면 '有'는 존재를 나타낸다. 부정형은 '没有'를 사용한다. 정반의문문의 형식은 '~ 有没有 ~'이다. '有'는 일반적으로 불특정한 목적어(사람 혹은 사물)를 이끈다.

존재 : (장소) + 有 + 존재하는 사람/사물

예) 我**有**很多书。(소유) 나는 많은 책이 있다.
家里**有**空调。(존재) 집에 에어컨이 있다.
墙上**有**一张照片。(존재) 벽에 사진이 한장 있다.
我的口袋里**有**钱。(존재) 내 주머니에 돈이 있다.

2) '在'는 '有'와 비교하면, 특정적인 사물이나 사람 혹은 이미 알고 있는 것에 대해서 존재를 표현한다.

존재 : 존재하는 사람 / 사물 + 在 + (장소)

예) 那台空调**在**我家。(존재) 그 에어컨은 우리집에 있다.
那张照片**在**墙上。(존재) 그 사진은 벽에 있다.
钱**在**我的口袋里。(존재) 돈은 내 주머니 안에 있다.

3) '是'도 존재를 표현한다.

존재 : 장소 + 是 + 사람, 사물

예) 桌子上都**是**书。(존재) 책상위에 모두 책이다.

我家左边就**是**超市。(존재) 우리집 왼편이 바로 마트이다.

7-2 우리 집 근처

본문

这儿是我家。
Zhèr shì wǒjiā.

我家附近有一个很大的超市。
Wǒ jiā fùjìn yǒu yí gè hěn dà de chāoshì.

超市对面是一所中学，我弟弟在那儿上学。
Chāoshì duìmiàn shì yì suǒ zhōngxué, wǒ dìdi zài nàr shàng xué.

中学的左边是一座公园, 爸爸和妈妈每天晚上 去那儿散步。
Zhōngxué de zuǒbiān shì yí zuò gōngyuán, bàba hé māma měitiān wǎnshang qù nàr sàn bù.

公园的对面是公交站， 我每天早上在那儿坐 车去学校。
Gōngyuán de duìmiàn shì gōngjiāo zhàn, wǒ měitiān zǎoshang zài nàr zuò chē qù xuéxiào.

※ 중국어로 대답해 봅시다.

1) 你家附近有什么?

단 어

□□	所	suǒ	건물을 세는 단위	
□□	左边	zuǒbiān	왼쪽	
□□	座	zuò	고정된 물체를 세는 단위	
□□	公园	gōngyuán	공원	
□□	每天	měitiān	매일	
□□	散步	sàn bù	산책하다	
□□	公交站	gōngjiāo zhàn	버스정류장	

본문해석

여기는 우리 집이다.
우리 집 근처에는 아주 큰 슈퍼가 있다.
슈퍼 맞은편에는 중학교가 하나 있고 내 동생이 그곳에 다닌다.
중학교의 왼쪽은 공원으로 아버지와 어머니는 매일 저녁 그곳에 가서 산책을 한다.
공원의 맞은편은 버스 정류장으로 나는 매일 아침 그곳에서 차를 타고 학교를 간다.

기본문형과 표현

1. 방향이나 장소, 위치 등을 표현하는 '방위사'

里 lǐ 안 前 qián 앞 上 shàng 위 左 zuǒ 좌, 왼편	外 wài 밖 后 hòu 뒤 下 xià 아래 右 yòu 우, 오른편	边 biān + 面 miàn
东 dōng 동쪽 南 nán 남쪽	西 xī 서쪽 北 běi 북쪽	

방위사는 장소, 위치, 방향을 표현하는 명사입니다. 표와 같은 방위사를 일반 명사에 쓰게 되면 일반 명사가 장소화됩니다.

예) 桌子 탁자 → 桌子上 탁자 위
飞机 비행기 → 飞机上 비행기 안
冰箱 냉장고 → 冰箱里 냉장고 속

이 때, 주의해야 할 점은 어떤 명사에는 방위사를 꼭 써야 하고, 어떤 명사는 써도 되고 안써도 되며, 어떤 명사의 경우는 쓰면 안되는 경우를 구분해야 합니다.

(1) 지명, 국가명처럼 원래 장소 명사로만 쓰이는 명사: 방위사를 쓰면 안됨.

예) 中国 → 中国里 (X)
上海 → 上海里 (X)

(2) 일반적으로는 장소명사이지만 그렇지 않은 경우도 있는 명사: 방위사를 써도 되고 안써도 됨, 생략가능.

예) 学校里(O), 学校(O)
教室、家、饭店、机场…

(3) 일반명사나 신체부위 등 일반적인 명사의 의미가 큰 명사: 꼭 써야 함

口袋里、手里、身上、天上、海里…

2. 주요 양사

양사는 사람이나 사물을 셀 때 사용하며, '个'처럼 일반적으로 사람이나 사물에 널리 활용되는 양사 외에도 비교적 고정적으로 사용되는 명사와 양사 구성이 있다.

양사	활용 명사	특징
座 zuò	山(shān), 大楼(dàlóu), 大桥(dàqiáo)	부피가 크거나 큰 건물 같은 고정된 물체를 셀 때
件 jiàn	衬衫(chènshān), 行李(xíngli), 样品(yàngpǐn)	일이나 짐, 의복 등
张 zhāng	纸(zhǐ), 桌子(zhuōzi), 床(chuáng)	넓고 평평한 것
片 piàn	面包(miànbāo), 树叶(shùyè)	평평하고 얇은 조각
条 tiáo	裤子(kùzi), 鱼(yú), 围巾(wéijīn)	길고 가는 것
辆 liàng	汽车(qìchē), 自行车(zìxíngchē), 摩托车(mótuōchē)	차량, 탈 것
块 kuài	肉(ròu), 蛋糕(dàngāo), 糖(táng)	덩어리, 딱딱한 조각
杯 bēi	茶(chá), 咖啡(kāfēi), 果汁(guǒzhī)	잔, 컵
本 běn	书(shū), 词典(cídiǎn), 杂志(zázhì)	책, 잡지 등
架 jià	飞机(fēijī), 钢琴(gāngqín)	받침대, 기계장치 등을 셀 때
把 bǎ	刀(dāo), 扇子(shànzi), 伞(sǎn)	손잡이가 있는 물건

연습 문제

1. 정확하게 병음을 읽고 중국어로 써보기

1) jiàoxuélóu　　2) sùshè

3) sàn bù　　4) gōngyuán

2. 녹음을 듣고 중국어로 단어를 완성한 후, 한국어로 뜻 써보기

1) 对(　)　　2) 教(　)

3) (　)市　　4) (　)天

3. 다음 문장을 정확하게 읽고 해석해 보기

1) 我常常去那儿, 一边喝咖啡一边和朋友聊天。

2) 学生中心的后面就是学生宿舍, 我住在那儿。

3) 公园的对面是公交站, 我每天早上在那儿坐车去学校。

연습 문제

4. 다음 단어를 적절하게 배열하여 중국어 문장 만들기

1) 学生中心 / 学生宿舍 / 后面 / 就 / 是 / 的

2) 我家 / 的 / 很 / 有一个 / 超市 / 附近 / 大

3) 晚上 / 每天 / 那儿 / 散步 / 去 / 爸爸和妈妈

5. 자신의 상황에 맞게 중국어로 "**학교소개**" 해보기

중국이야기

중국의 세계문화유산: 핑야오고성(平遥古城)

중국 산서성 핑야오현(平遥縣)에 위치해 있는 핑야오고성은 기원전 8세기 서주시대에 도시가 세워졌다고 한다. 이 후 명나라 홍무(洪武) 3년인 1370년에 사각 모양의 성곽을 건축했다. 성곽의 높이는 12미터이고 성곽 둘레의 길이는 6.4킬로미터가 되며 성의 면적은 2.25평방 킬로미터나 된다. 성 내부에는 옹성과 여러 군사방어 시설이 있고 또 내부에는 관우의 사당이나 여러 건물이 잘 보존되어 있다. 명, 청대에 몇 차례 보수를 했지만 기본적인 구조는 명나라 초기 때 처음 건축한 원형을 잘 유지하고 있다. 성 안에는 중앙대로(街道)와 시루(市樓), 상점 등이 옛날 모습 그대로 있어 마치 고대로 돌아간 듯 한 착각을 불러 일으킨다. 명나라 시절인 16세기부터 청나라 19세기까지는 상업과 금융의 중심도시가 되어 크게 번영하였으나 청의 몰락과 함께 이 도시도 퇴락하게 되었다. 1997년에 세계문화유산으로 등재되었다.

MEMO

Part2

기초에서 초급으로

8과

중국에 대한 경험

中国生活

8-1 중국에서의 생활

8-2 맛있는 중국음식

8-1 중국에서의 생활

본 문

我来中国一年了，已经习惯了在这儿的生活。
Wǒ lái Zhōngguó yì nián le, yǐjīng xíguànle zài zhèr de shēnghuó.

刚来的时候我不会说汉语，也没有朋友。
Gāng lái de shíhou wǒ bú huì shuō Hànyǔ, yě méiyǒu péng you.

但是现在我的汉语进步了很多，也交了不少好朋友。
Dànshì xiànzài wǒ de Hànyǔ jìnbùle hěn duō, yě jiāole bù shǎo hǎo péngyou.

有时候我们一起去逛街，有时候一起去图书馆学习。
Yǒu shíhou wǒmen yìqǐ qù guàng jiē, yǒu shíhou yìqǐ qù túshūguǎn xuéxí.

我在中国的生活 真是丰富多彩。
Wǒ zài Zhōngguó de shēnghuó zhēn shì fēngfù duōcǎi.

※ 중국어로 대답해 봅시다.

1) 你去过中国吗?
没去过的话，你打算什么时候去中国?

단 어

□□	来	lái	오다	
□□	已经	yǐjīng	이미, 벌써	
□□	习惯	xíguàn	습관	
□□	生活	shēnghuó	생활	
□□	刚	gāng	막, 방금	
□□	时候	shíhou	때, 동안	
□□	没有	méiyǒu	없다, ~않다	
□□	但是	dànshì	그러나	
□□	现在	xiànzài	지금, 현재	
□□	进步	jìnbù	진보하다	
□□	很	hěn	매우	
□□	多	duō	많다	
□□	不少	bù shǎo	적지 않다	
□□	有时候	yǒu shíhou	가끔	
□□	逛街	guàng jiē	거닐며 구경하다	
□□	丰富多彩	fēngfù duōcǎi	풍부하고 다양하다	

본문해석

나는 중국 온지 1년이 되었습니다. 이미 이곳의 생활에 익숙해졌다.
막 왔을 때 나는 중국어를 할 줄 몰랐고 친구도 없었다.
그러나 지금 나의 중국어는 많이 나아졌고 또 좋은 친구를 적잖게 사귀었다. 어떤 때 우리들은 함께 거닐며 구경도 하고, 어떤 때는 함께 도서관에 가서 공부를 한다.
나의 중국생활은 정말 풍부하고 다채롭다.

기본문형과 표현

1. 동작의 상태를 나타내는 '동태조사'

동태조사는 동작의 상태, 즉 동태를 표현하는 조사이다. 중국어에서는 동작의 완료, 지속, 진행, 경험 등을 표시하기 위해 이러한 동태조사를 사용하는데, '着', '过', '了'가 바로 동태조사이다.

1) 지속상태 '着'

지속의 상태는 着를 붙여 표현한다. 부정은 '没有'로 표현한다.

예) 他在床上躺**着**。 그는 침대에 누워 있다.
别躺**着**看书。 누워서 책을 보지 마라.
老师站**着**上课。 선생님은 서서 수업을 한다.

2) 경험상태 '过'

경험의 상태는 过를 붙여 표현한다. 부정은 역시 '没有'로 표현한다.

예) 我看**过**那本书。 나는 그 책을 읽어본 적이 있다.
我**没**学**过**汉语。 나는 중국어를 배워본 적이 없다.
你尝**过**中国菜**没有**? 너는 중국요리를 맛본 적 있니?

3) 완료상태 '了'

완료 상태를 표현하는 '了'는 동사 뒤에 쓰여, 동작·행위의 완료를 나타내는 기능을 한다. 예를 들면 '看'은 '보다'이나 '看了'는 '보았다'이다. 부정은 '没有'로 표현하며, 이때 '了'는 사라진다.

예) 我买**了**三张票。 나는 표 세장을 샀다.
我已经问**了**老王。 나는 이미 왕군에게 물었다.
你看**了**今天的新闻没有? 너는 오늘 뉴스 봤니?

비교: 동태조사 '了'와 어기조사 '了'

'了'에는 크게 두 가지 용법이 있다. 동태조사로는 '了'가 동사 뒤에 사용되어 주로 동작의 완성을 나타내며, 목적어가 있을 경우에 '了'는 목적어 앞에 위치한다. 어기조사로는 '了'가 문장 끝에 사용되어 주로 변화가 일어났거나 혹은 변화가 곧 일어날 것임을 나타낸다. 동사 뒤에 목적어가 있으면 '了'는 목적어 뒤에 위치한다.

예)	我买了三本书。(완성)	나는 책 세 권을 샀다.
	我该回家了。(변화)	나는 집에 돌아가야 한다.

2. 조동사(능원동사) '会'

일반동사나 형용사 앞에 쓰여 가능, 필요, 당위, 소원, 평가 등을 나타내는 동사의 한 부류인 능원동사, 그 중에 会는 能과 함께 '능력'을 나타낸다. 그러나 会는 학습, 훈련 등에 의해 '할 줄 안다'로 해석해야 한다.

예)	他会打乒乓球。	그는 탁구를 칠 수 있다.
	我会看中文报。	나는 중문 신문을 읽을 수 있다.
	我会说中文。	나는 중국어를 할 줄 안다.

8-2 맛있는 중국음식

본 문

昨天我和几个中国朋友去了学校旁边的中国饭馆儿。
Zuótiān wǒ hé jǐ ge Zhōngguó péngyou qùle xuéxiào pángbiān de Zhōngguó fànguǎnr.

听说那里的菜非常地道。
Tīngshuō nàlǐ de cài fēicháng dìdao.

我喜欢吃甜的，就点了一个糖醋里脊。
Wǒ xǐhuan chī tián de, jiù diǎnle yí ge tángcù lǐjǐ.

小张喜欢吃辣的，所以他点了一个麻婆豆腐。
Xiǎo Zhang xǐhuan chī là de, suǒyǐ tā diǎnle yí ge mápó dòufu.

小李不喜欢吃肉，他点了一个炒青菜。
Xiǎo Lǐ bù xǐhuan chī ròu, tā diǎnle yí ge chǎo qīngcài.

最后我们还点了一个扬州炒饭和鸡蛋汤。
Zuìhòu wǒmen hái diǎnle yí ge Yángzhōu chǎofàn hé jīdàn tāng.

那家饭馆儿的菜真不错，我们都吃饱了。
Nà jiā fànguǎnr de cài zhēn búcuò, wǒmen dōu chībǎo le.

※ 중국어로 대답해 봅시다.

1) 你喜欢吃中国菜吗？喜欢什么菜？

단 어

□□	饭馆儿	fànguǎnr	식당	
□□	听说	tīngshuō	듣건대, 듣자니	
□□	非常	fēicháng	매우, 아주	
□□	地道	dìdao	정통이다	
□□	甜	tián	달다	
□□	点	diǎn	주문하다	
□□	糖醋里脊	tángcù lǐjǐ	탕수육	
□□	辣	là	맵다	
□□	麻婆豆腐	mápó dòufu	마파두부	
□□	肉	ròu	고기	
□□	炒青菜	chǎo qīngcài	청경채볶음	
□□	最后	zuìhòu	최후, 마지막	
□□	还	hái	또, 더	
□□	扬州炒饭	Yángzhōu chǎofàn	양주 볶음밥	
□□	不错	búcuò	좋다, 괜찮다	
□□	吃饱了	chībǎo le	배 부르다	

본문해석

어제 나와 몇몇 중국 친구는 학교 근처의 중국식당에 갔다.
듣기로 그곳의 요리는 아주 정통이라 한다.
나는 단 것을 좋아해서 바로 탕수육 하나를 시켰다.
장군은 매운 것을 좋아해서 그는 마파두부를 시켰다.
이군은 고기를 좋아하지 않아서 청경채볶음 하나를 시켰다.
끝으로 우리들은 또 양주볶음밥과 계란탕을 시켰다.
그 식당의 요리는 정말 훌륭해서 우리들은 모두 배불리 먹었다.

기본문형과 표현

1. 결과보어

동사 뒤에 붙어 동작의 결과나 완성을 보충 설명하는 성분을 결과보어라 한다. 본문에 나온 '吃饱了', '배불리 먹었다'는 '술어+보어' 형태이며, 이 보어는 결과보어이다. 다음은 활용도 높은 결과보어이다.

(1) ~掉: 떠나거나 분리되다, ~해 버리다

예) 他把自行车卖**掉**了。 그는 자전거를 팔아버렸다.
他脱**掉**了衣服。 그는 옷을 벗어 버렸다.
我扔**掉**了垃圾。 그는 쓰레기를 내 버렸다.

(2) ~开: 떨어지다, 열다

예) 他离**开**釜山已经十年了。 그가 부산을 떠난지가 이미 십년이 되었다.
请翻**开**课本。 교재를 펴세요.
哥哥推**开**了大门。 형이 대문을 열었다.

(3) ~好: 완성하다, 만족한 상태에 이르다

예) 我写**好**了报告。 나는 보고서를 다 적었다.
馒头蒸**好**了。 만두를 다 쪘다.
衣服做**好**了。 옷을 다 만들었다.

(4) ~ 到: 동사 뒤에 쓰여 동작이나 행위가 완성되었거나 결과가 이르다.

예) 见**到**他, 替我问个好。 그를 보면 나 대신 안부 전해줘.
他离开家后, 再没有人看**到**他。
그가 집을 떠난 후, 아무도 다시 그를 보지 못했다.

(5) ~完: 동사 뒤에 붙어 동작이나 행위의 결과나 완성을 나타낸다.

예) 我已经吃**完**饭了。 나는 이미 밥을 다 먹었다.
东西都卖**完**了。 물건을 모두 다 팔았다.

2. '~的'의 용법

'~한 것'이라는 뜻으로 대명사화할 수 있다. 문장 안에서 수식을 받는 명사와 동사, 형용사가 무엇인지 명확할 때는 '~的'가 전체를 대신할 수 있다.

예) 那不她**的**。(명사) 그것은 그녀의 것이 아니다.
那是他自己做**的**。(주술구) 그것은 그가 스스로 만든 것이다.
有 贵**的**。(형용사) 비싼 것이 있다.

* '동사 + 목적어 + 的' 구조를 가진 경우는 직업을 나타낼 수 있다.

教书**的** jiāo shū de = 老师 lǎoshī 선생님
开车**的** kāi chē de = 司机 sījī 운전기사
做菜**的** zuò cài de = 厨师 chúshī 요리사

연습 문제

1. 다음 문장을 정확하게 읽고 해석해 보기

1) 刚来的时候我不会说汉语, 也没有朋友。

2) 有时候我们一起去逛街, 有时候一起去图书馆学习。

3) 最后我们还点了一个扬州炒饭和鸡蛋汤。

2. 다음 단어를 적절하게 배열하여 중국어 문장 만들기

1) 我 / 不会 / 汉语 / 的时候 / 刚来 / 说

2) 很多 / 进步 / 了 / 汉语 / 现在 / 我的

3) 那里 / 非常 / 地道 / 菜 / 听说 / 的

3. 그림과 제시된 단어를 사용하여 문장 만들기

1) 点

2) 朋友

4. 중국친구에게 중국어로 "**한국요리**" 소개하기

[중국어 문법알기] 중국어의 문장성분과 기본어순

중국어는 단어의 형태변화가 많지 않은 언어라서 어순으로 다양한 문법적 기능을 표현한다. 즉, 어순이 달라지면 문장의 의미가 달라지기 때문에 중국어의 문장성분과 기본 어순을 알아두면 독해나 문형 파악에 도움이 된다.

1. 중국어의 문장성분

1) 중국어 문장성분은? 6가지 !

중국어의 문장성분은 주어, 술어, 목적어, 관형어, 부사어, 보어로 6가지로 구성된다.

2) 관형어, 부사어는?

관형어는 주로 주어와 목적어를 꾸며주는 문장성분으로 '的'를 넣어 수식하기도 한다.

예) 红红的苹果 빨간 사과 (红红的: 관형어)

个子高的朋友 키가 큰 친구 (个子高的: 관형어)

我们学校 우리 학교 (我们: 관형어)

부사어는 주로 술어를 수식하는 문장성분이다. 일반적으로 부사는 부사어가 되며, '전치사+명사' 형태의 전치사 구 역시 부사어의 위치에 오는 경우가 많다. 또한 경우에 따라 '地'를 넣어 부사어를 만든다.

예) 他常常来我家。 그는 종종 우리집에 온다. (常常: 부사어)

我家离这儿不远。 우리집은 여기서 멀지 않다. (离这儿: 부사어, 不: 부사어)

请你认认真真地写字。 당신은 진지하게 글씨를 쓰세요. (认认真真地: 부사어)

3) 보어는?

보어는 술어 뒤에 놓여 술어를 보충설명하는 성분이다. 특히, 한국어에서 부사어로 쓰는 문형을 중국어에서는 보어로 쓰는 경우가 많으며, 다른 문장성분에 비해 종류가 많은 편이라 유의할 필요가 있다.

① 결과보어: 동작의 결과를 보충할 때 쓴다.

술어 + 결과보어

예) 我的作业都做好了。 숙제를 모두 다 했다.

② 정도보어: 동작의 정도를 보충한다. 구조조사 '得'를 쓴다.

술어 + 得 + 정도보어

예) 这篇文章写得非常好。 이 문장은 아주 잘 썼다.

③ 방향보어 : 동작의 방향을 보충한다. '来, 去' 등의 방향보어와 결합한다.

술어 + 방향보어

예) 这件事给我留下了深刻的印象。 이 일은 나에게 깊은 인상을 남겨 주었다.

④ 가능보어: 동작의 가능 여부를 보충한다.

술어 + 得 / 不 + 보어

예) 我的话你听得懂吗? 나의 말을 당신은 알아 듣습니까?

⑤ 시간보어: 동작이나 행위가 진행된 시간을 보충할 때 사용

예) 我在中国住了六年了。 나는 중국에서 6년을 살았다.

⑥ 동량보어: 동작이나 행위가 이루어진 횟수를 표현할 때 사용

예) 我去过中国三次。 나는 중국을 3번 가 보았다.

⑦ 수량보어: 술어의 비교 결과를 수량으로 표현할 때 사용

예) 他比我高一点。 그는 나보다 좀 크다.

姐姐比妹妹大五岁。 언니는 동생보다 5살 많다.

2. 중국어의 기본 어순

1) 주어+술어

我们学习。 우리들은 공부합니다.

2) 주어+술어+목적어

他们学习汉语。 그들은 중국어를 공부합니다.

3) 주어+술어+보어

他们听得懂。 그들은 알아들을 수 있다.

4) (관형어+)주어+술어+(관형어+)목적어

我的朋友看书。 나의 친구는 책을 본다.

弟弟喝了一杯水。 남동생은 물 한 잔을 마셨다.

5) 주어+(부사어+)+술어+목적어

我们一起看书。 우리들은 함께 책을 본다.

Part3

초급에서 중급으로

9과

중국인의 아침식사

中国人的早餐

본 문

中国人的早餐

Zhōngguó rén de zǎocān

中国人喜欢在外面吃早餐。中国的早餐种类丰富，价格便宜。
Zhōngguó rén xǐhuan zài wàimiàn chī zǎocān. Zhōngguó de zǎocān zhǒnglèi fēngfù, jiàgé piányi.

中国人经常吃油条、喝豆浆。香香的油条、甜甜的豆浆，
Zhōngguó rén jīngcháng chī yóutiáo、 hē dòujiāng. Xiāngxiang de yóu tiáo、tiántian de dòujiāng,
大人小孩都喜欢。
dàren xiǎohái dōu xǐhuan.

有的中国人早上吃包子或者面条，还有的中国人喜欢喝粥。
Yǒu de Zhōngguó rén zǎoshang chī bāozi huòzhě miàntiáo, háiyǒu de Zhōngguó rén xǐhuan hē zhōu.

刚来中国的时候，我不习惯喝粥，因为韩国人只有生病的时
Gāng lái Zhōngguó de shíhou, wǒ bù xíguàn hē zhōu, yīnwèi Hánguó rén zhǐyǒu shēng bìng de shí-
候才喝粥。
hou cái hē zhōu.

中国朋友对我说早上喝粥对胃好，所以现在我也喜欢上了喝粥。
Zhōngguó péngyou duì wǒ shuō zǎoshang hē zhōu duì wèi hǎo, suǒyǐ xiànzài wǒ yě xǐhuan shàng le hē zhōu 。

※ 중국어로 대답해 봅시다.

1) 中国人早上喜欢吃什么？

2) 韩国人早上喜欢吃什么？

단어

□□	早餐	zǎocān	아침밥	
□□	外面	wàimiàn	바깥, 바깥쪽	
□□	种类	zhǒnglèi	종류	
□□	丰富	fēngfù	풍부하다	
□□	价格	jiàgé	가격	
□□	便宜	piányi	싸다	
□□	油条	yóutiáo	튀김꽈배기	
□□	豆浆	dòujiāng	콩 음료	
□□	香	xiāng	향기롭다	
□□	大人	dàren	성인	
□□	小孩	xiǎohái	어린이	
□□	都	dōu	모두	
□□	喜欢	xǐhuan	좋아하다	
□□	有的	yǒu de	어떤 것, 어떤 사람	
□□	包子	bāozi	찐빵	
□□	或者	huòzhě	~ 아니면 ~이다	
□□	面条	miàntiáo	면, 국수	
□□	粥	zhōu	죽	
□□	因为	yīnwèi	왜냐하면, ~때문에	
□□	只有	zhǐyǒu	~해야만 ~이다	
□□	才	cái	비로소, 겨우	
□□	生病	shēng bìng	병이 나다, 병에 걸리다	
□□	胃	wèi	위	

본문 독해 & 문장분석

1

中国人喜欢在外面吃早餐。

중국인들은 바깥에서 아침 먹는 것을 좋아한다.

문 장 분 석

中国人	喜欢 (술어)	在	外面	吃	早餐。
중국인	좋아하다	에서	바깥	먹다	아침식사

- **中国人喜欢在外面吃早餐** : 이 문장에서 '喜欢'은 '在外面吃早餐' 전체를 목적어로 갖는다. '喜欢'과 같은 동사는 동사구 목적어를 가질 수 있다.

1) 我喜欢跳舞。 나는 춤추기를 좋아한다.

2) 我们喜欢玩游戏。 우리들은 게임하기를 좋아한다.

2 中国的早餐种类丰富, 价格便宜。

중국의 아침식사는 종류가 풍부하고 가격이 저렴하다.

문장분석

		(술어)			(술어)
中国的	早餐	种类 丰富,		价格	便宜。
중국의	아침식사	종류	풍부하다	가격	저렴하다

- **中国的早餐种类丰富, 价格便宜** : 이 문장은 '주술술어문'이다. 주술술어문이란 술어가 '주어+술어'로 구성되어 있는 문장으로, 이 술어가 다시 전체 문장의 주어를 설명하거나 묘사하게 된다.

中国的早餐	种类 丰富, 价格 便宜
	[주+술] [주+술]
(주어)	(술어)

1) 她眼睛大, 鼻子高。 그는 눈이 크고 코가 오똑하다.

2) 汉语发音很难, 语法比较容易。
중국어는 발음이 아주 어렵고 문법은 비교적 쉽다.

3

中国人经常吃油条、喝豆浆。

중국인은 자주 여우탸오와 콩국을 먹는다.

香香的油条、甜甜的豆浆，大人小孩都喜欢。

고소한 여우탸오와 달달한 콩국은 어른 아이 모두 좋아한다.

문 장 분 석

中国人	经常	吃 (술어)	油条、	喝 (술어)	豆浆。
중국인	자주	먹다	여우탸오	마시다	콩국

香香的	油条、	甜甜的	豆浆，	大人	小孩	都	喜欢 (술어)。
고소한	여우탸오	달달한	콩국	어른	아이	모두	좋아하다

- 香香~, 甜甜~ 형용사 중첩이 가지는 의미는?
  형용사를 중첩하면 형용사의 의미가 더 강조되고, 생동감있게 표현될 수 있다.

  예) 大大 큰 高高 높은
  高高兴兴 기쁜 清清楚楚 분명한
  热乎乎 뜨끈한 糊里糊涂 멍청한

- 好好儿 hǎohāor 처럼 단음절 형용사가 결합하면서 儿화 되고, 성조도 1성으로 바뀌기도 한다.

4 有的中国人早上吃包子或者面条，还有的中国人喜欢喝粥。

어떤 중국인은 아침에 빠오즈와 면을 먹고, 또 어떤 중국인은 죽 먹기를 좋아한다.

문장분석

(술어)

有的中国人早上吃包子或者面条，还有的中国人

어떤 중국인 아침 먹다 빠오즈 혹은 면 또 어떤 중국인

(술어)

喜欢 喝 粥。

좋아하다 마시다 죽

- **有的~, 有的~** : 어떤 것, 어떤 사람과 같이 사물이나 사람의 일부를 지칭할 때 사용한다.

1) 同学们有的在看书，有的在写字。

어떤 친구들은 책을 보고 어떤 친구들은 글씨를 쓰고 있다.

2) 天上的云朵有的像兔子，有的像小羊。

하늘의 구름이 어떤 것은 토끼 같고 어떤 것은 양 같다.

5

刚来中国的时候，我不习惯喝粥，因为韩国人只有生病的时候才喝粥。

중국에 막 왔을 때, 나는 죽 먹는 것이 익숙하지 않았다. 왜냐하면 한국인은 단지 병이 났을 때 죽을 먹기 때문이다.

문장분석

刚	来	中国	的时候,	我	不	习惯 (술어)	喝	粥,
막	오다	중국	~때	나	아니다	적응하다	마시다	죽

因为	韩国人	只有	生病	的时候	才	喝 (술어)	粥。
왜냐하면	한국인	단지	병이나다	~때	비로서	마시다	죽

- **因为** : '왜냐하면, ~때문에'의 뜻을 가진 접속사이다. 같이 활용하는 접속사를 '因为~, 所以'가 있다.

  1) 因为昨天太累了，所以他今天生病了。
  왜냐하면 어제는 너무 피곤해서 그는 오늘 병이 났다.

  2) 因为天太冷，所以我不去了。 왜냐하면 날이 너무 추워서 나는 오늘 가지 않았다.

- **只有~ 才** : '只有~才'는 조건관계를 가지는 대표적인 접속사, 부사 구조이다. 일부 접속사는 고정격식으로 부사와 함께 복문을 만든다. 앞 문장의 조건이 갖춰져야 뒷 문장이 이루어지는 필요조건의 관계로 '~해야만~한다'로 해석한다.

  1) 只有傻瓜才会这么做。 바보만이 그렇게 한다.

  2) 只有多练习才能提高你的口语水平。
  많은 연습을 해야만 당신의 말하기 수준을 향상시킬 수 있다.

6

中国朋友对我说早上喝粥对胃好，所以现在我也喜欢上了喝粥。

중국 친구는 나에게 아침에 죽을 먹는 것이 위에 좋다고 말했다.
그래서 지금은 나도 죽을 먹는 것을 좋아하게 되었다.

문장분석

中国	朋友	对	我	说 (술어)	早上	喝	粥	对	胃	好，
중국	친구	~에게	나	말하다	아침	먹다	죽	~에	위	좋다.

所以	现在	我	也	喜欢 (술어)	上	了	喝	粥。
그래서	지금	나	도	좋아하다			먹다	죽

- 中国朋友对我说早上喝粥对胃好 문장을 분석해보면 다음과 같다.

中国朋友	对我	说	早上喝粥对胃好，
(주어)	부사어	(술어)	목적어

- **喜欢上了**：'~上' 은 보어로 '어떤 결과가 추가되거나 결과가 생김, 발생'을 나타낸다.

1) 我喜欢上了摄影。 나는 촬영을 좋아하게 되었다.

2) 他爱上了那个女孩儿。 그는 그 소녀를 사랑하게 되었다.

연습 문제

1. 다음 단어를 적절하게 배열하여 중국어 문장 만들기

1) 吃早餐 / 中国人 / 外面 / 在 / 喜欢

2) 喝粥 / 韩国人 / 生病 / 只有 / 的时候 / 才

3) 面条 / 中国人 / 吃 / 包子 / 或者 / 早上 / 有的

2. 다음 그림에 어울리는 문장을 만들기

1) 起床

2) 坐

연습 문제

3. 한국과 중국의 **아침식사 풍경** 중국어로 소개하기

중국이야기_

중국의 문자

지금 우리가 볼 수 있는 중국의 가장 오래된 문자는 갑골문자이다. 갑골문자는 은허(殷墟)에서 발굴된 것으로 귀갑수골(龜甲獸骨: 거북이 껍데기와 소의 뼈)에 점치는 내용을 기록한 것이다. 갑골문자는 기원전 14세기부터 기원전 11세기에 걸쳐 존재했던 것으로 갑골문의 발견은 중국 문자의 생성과 발전의 의문을 푸는 중요한 열쇠가 되고 있다.

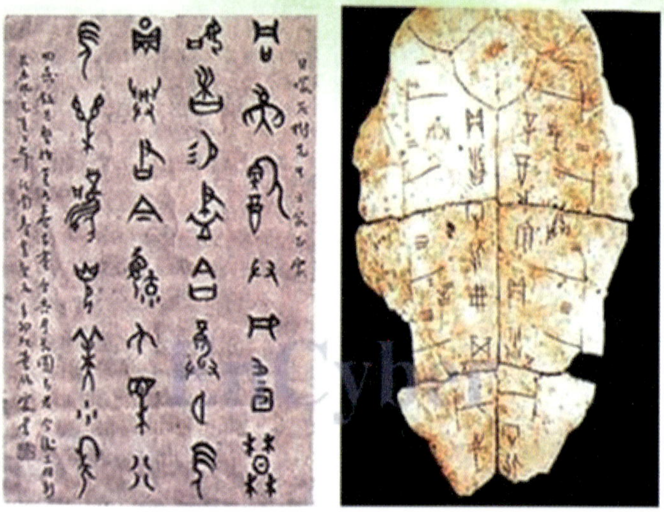

〈갑골문자의 발견〉

중국 최초의 문자인 갑골문이 처음 발견된 것은 우연한 경로를 통해서였다. 1899년 왕의영(王懿荣1845-1900)이라는 산동인(山東人)이 북경에서 국자감 좨주(國子監 祭酒: 현재의 국립대학교 총장에 해당함)로 있었는데 한번은 그가 학질을 앓게 되었다. 그는 한약방으로 사람을 보내 당시 감기에 효험이 있다는 약을 지어 오게 했는데, 그 속에는 용골이라 불리는 갑골편이 들어 있었다. 왕의영은 용골에 고대의 문자 같은 것이 새겨져 있는 것을 우연히 발견하게 되었다. 그 후 왕의영은 제자 유악(劉鶚)과 함께 그 뼈의 출처가 은허(殷墟) 유적인 하남성(河南省) 북쪽 안양현(安陽縣현) 소둔(小屯)임을 알게 되었고, 이것이 중국의 고대 문자인 갑골문임을 확인하게 되었다.

Part3

초급에서 중급으로

10과

하늘에는 천당이 있고,
땅에는 소주와 항주가 있다

上有天堂，下有苏杭

본 문

上有天堂，下有苏杭
Shàng yǒu tiāntáng, xià yǒu Sū Háng

中国有句话叫“上有天堂，下有苏杭”。
Zhōngguó yǒu jù huà jiào “shàng yǒu tiāntáng, xià yǒu Sū Háng” .

苏杭就是中国的两个城市，苏州和杭州。
Sū Háng jiùshì zhōngguó de liǎng ge chéngshì, Sūzhōu hé Hángzhōu.

苏州有拙政园和留园。拙政园、留园、北京颐和园、承德避暑山庄被称为中国四大名园。
Sūzhōu yǒu Zhuózhèngyuán hé Liúyuán. Zhuózhèngyuán、Liúyuán、Běijīng Yíhéyuán、 Chéngdé Bìshǔ shānzhuāng bèi chēngwéi Zhōngguó sì dà míngyuán.

杭州最有名的是西湖。西湖很美丽。
Hángzhōu zuì yǒumíng de shì Xīhú. Xīhú hěn měilì.

苏东坡以前在杭州做过官，他很喜欢西湖，留下了很多有名的诗词。
Sū dōngpō yǐqián zài Hángzhōu zuòguò guān, tā hěn xǐhuan Xīhú, liúxiàle hěn duō yǒumíng de shī cí.

他经常在杭州吃一道菜，这道菜后来被称为"东坡肉"。
Tā jīngcháng zài Hángzhōu chī yí dào cài, zhè dào cài hòulái bèi chēngwéi "Dōngpō ròu".

大家有机会的话，一定要去苏杭玩一玩，尝 一尝东坡肉。
Dà jiā yǒu jīhuì de huà, yídìng yào qù Sū Háng wán yì wán, cháng yì cháng Dōngpō ròu.

※ 중국어로 대답해 봅시다.

1) 你知道中国哪些有名的城市?

단 어

□□	天堂	tiāntáng	천당, 천국	
□□	苏杭	Sū Háng	소주와 항주	
□□	城市	chéngshì	도시	
□□	拙政园	Zhuózhèngyuán	졸정원	
□□	留园	Liúyuán	유원	
□□	北京	Běijīng	북경	
□□	颐和园	Yíhéyuán	이화원	
□□	承德	Chéngdé	승덕	
□□	避暑山庄	Bìshǔ shānzhuāng	피서산장	
□□	被称为	bèi chēngwéi	~ 라고 불리다	
□□	最	zuì	최고, 가장	
□□	有名	yǒumíng	유명하다	
□□	西湖	Xīhú	서호	
□□	苏东坡	Sū dōngpō	소동파(소식)	
□□	做官	zuò guān	관직을 맡다	
□□	留下	liúxià	남기다	
□□	诗词	shī cí	시와 사	
□□	后来	hòulái	그 후, 그 뒤	
□□	东坡肉	Dōngpō ròu	동파육	

본문 독해 & 문장분석

1

中国有句话叫"上有天堂，下有苏杭"。

중국에는 "하늘엔 천당이 있고, 땅에는 소주, 항주가 있다"라는 말이 있다.

苏杭是中国的两个城市，苏州和杭州。

苏杭은 중국의 두 개 도시, 소주와 항주이다.

문장분석

(술어)

中国 有 句 话 叫 "上有天堂，下有苏杭"。

중국 있다 마디 말 ~라 하다 "하늘엔 천당이 있고, 땅에는 소주, 항주가 있다"

(술어)

苏杭 是 中国 的 两 个 城市，苏州 和 杭州。

苏杭 이다 중국 의 두 개 도시, 소주 와 항주.

- **句** : '句'는 이 문장에서 '话'를 세는 단위 '양사'로 쓰였다.

  1) 他只说了三句话。 그는 단지 세 마디 말만 했다.

  2) 这两句诗是什么意思? 이 두 구의 시는 무슨 뜻입니까?

- 中国有句话叫"上有天堂，下有苏杭" 문장은 '겸어문'이다.
  겸어문이란? 전체 문장의 동사인 동사술어 1의 목적어가 전체문장의 목적어인 주술구의 주어가 되는 것을 겸어라고 한다.

中国 有 句 话 叫 "上有天堂，下有苏杭"。

[주어] (술어2) 목적어

(술어1) [목적어]

2

苏州有拙政园和留园。拙政园、留园、北京颐和园、承德避暑山庄被称为中国四大名园。

소주에는 졸정원과 유원이 있다. 졸정원, 유원, 북경의 이화원, 승덕 피서산장은 중국 4대 정원으로 불린다.

문장분석

苏州	有 (술어)	拙政园	和	留园。
소주	있다	졸정원	과	유원

拙政园、	留园、	北京颐和园、	承德避暑山庄
졸정원,	유원,	북경의 이화원,	승덕 피서산장

被	称为 (술어)	中国	四	大	名园。
~당하다	부르다	중국	4	대	유명정원

- **被** : '被'는 피동문을 만드는 대표적인 전치사이다. '被+대상' 형태가 일반적이지만, 대상이 말할 필요 없는, 일반적인 사람인 경우는 '被+술어'를 바로 쓰기도 한다.

1) 这本书被别人借走了。 이 책은 다른 사람이 빌려갔다.

2) 我的钱包被偷了。 나는 지갑을 도둑 맞았다.

3

杭州最有名的是西湖。西湖很美丽。

항주 가장 유명한 것은 서호이다. 서호는 매우 아름답다.

문장분석

杭州	最	有名	的	是 (술어)	西湖。	西湖	很	美丽 (술어)。
항주	가장	유명한	것	이다	서호	서호	매우	아름답다

4

苏东坡以前在杭州做过官，他很喜欢西湖，
留下了很多有名的诗词。

소동파는 이전에 항주에서 관직을 한적이 있었는데, 그는 서호를 매우 좋아했고, 많은 유명 시와 사를 남겼다.

문장분석

苏东坡	以前	在	杭州	做 (술어)	过官，	他	很	喜欢 (술어)	西湖，
소동파	이전	~에서	항주	하다	관리	그	매우	좋아하다	서호

留 (술어)	下	了	很	多	有名	的	诗词。
남기다			매우	많다	유명하다	~의	시와 사

- **留下了** : '~下'는 원래 '높은 곳에서 낮은 곳으로 이동함'을 의미하는 방향보어이며, 여기서는 방향보어의 파생의미로 '사람이나 사물이 어떤 장소에 고정됨'을 나타낸다.

5

他经常在杭州吃一道菜，这道菜后来被称为“东坡肉”。

그는 자주 항주에서 한 요리를 먹었는데, 이 요리는 후에 동파육이라고 불렸다.

문장분석

				(술어)					
他	经常	在	杭州	吃	一	道	菜,	这	道菜
그	자주	~에서	항주	먹다	한가지		요리	이	요리

		(술어)	
后来	被	称为	“东坡肉”。
후에	~당하다	부르다	동파육

- **经常** : ‘经常’은 ‘동작이 자주 발생함’을 나타내는 부사이다. 비슷한 단어로 ‘常, 常常’ 등이 있다.

1) 我经常喝咖啡。 나는 늘 커피를 마신다.

2) 他经常去国外旅行。 그는 자주 해외로 여행 간다.

6 大家有机会的话，一定要去苏杭玩一玩，尝一尝东坡肉。

모두들 기회가 되면 꼭 소주와 항주에 놀러 가 보고, 동파육도 맛보세요.

문 장 분 석

大家	有 (술어)	机会	的话，	一定	要	去 (술어)	苏杭
모두	있다	기회	~라면	꼭	~해야한다	가다	소주, 항주

玩 (술어)	一玩，	尝 (술어)	一尝	东坡肉。
놀다		맛보다		동파육

- **~的话** : '~하다면, ~라면'의 뜻을 가지고 있으며, 가정형을 만들어주며, '如果(만약에)'와 같이 활용하는 경우가 많다.

  1) 明天下雨的话我就不去。 내일 비가 내리면 나는 안 간다.

  2) 你有时间的话一定要看看这本书。
  당신 시간 있으면 반드시 이 책을 한번 보세요.

- **玩一玩, 尝一尝** : 동사의 중첩은 '시험 삼아 ~해보다', '좀 ~하다'의 의미를 나타내며 '一'를 생략하여, '玩玩', '尝尝'의 형태로 써도 된다.

단음절 동사	A一A/AA/A了A	看看 / 看一看 / 看了看
이음절 동사	ABAB	休息休息 / 介绍介绍
이합사	AAB	见见面 / 散散步

연습 문제

1. 다음 단어를 적절하게 배열하여 중국어 문장 만들기

1) 要 / 去 / 苏杭 / 玩一玩 / 一定

2) 句 / 有 / 中国 / 话 / 叫 / “上有天堂, 下有苏杭”。

3) 留 / 很多 / 下了 / 诗词 / 有名 / 的

2. 다음 그림에 어울리는 문장 만들기

1) 手机

2) 穿

3. 중국인 친구에게 한국의 유명 도시나 관광지를 중국어로 소개하기

중국이야기_

중국의 세계문화 유산 : 항주(杭州) 서호(西湖)

중국인들은 하늘에는 천당이 있고 땅에는 소주와 항주가 있다고 한다. 그만큼 항주의 경치가 아름답다는 말이죠. 서호는 항주의 상징과 같은 곳이다. 서호의 호수가로는 당나라 때 시인 백거이와 송나라 때 시인 소동파가 서호의 범람을 막기 위해 쌓은 제방을 볼 수 있다. 이를 백제(白堤), 소제(蘇堤)라고 하는데 지금은 아름다운 산책로가 되어 멋진 풍경을 연출한다. 또 서호에는 소영주(小瀛洲), 호심정(湖心亭), 완공돈(阮公墩) 등 3개의 아름다운 섬이 있고 그 섬의 안과 주변으로는 삼담인월(三潭印月)과 같은 정자와 탑이 있어 서호의 또 다른 매력을 보여준다. 서호에서 배를 타고 섬으로 들어가면 섬 속에 다시 호수가 있고 그 호수 속에 또 작은 정자가 있어 보는 사람의 탄성을 자아낸다. 그 밖에도 서호에는 여러 아름다운 경관들이 있어 이를 '서호십경'이라 한다. 또 서호 주변에는 영은사(靈隐寺), 육화탑(六和塔), 뇌봉탑(雷峰塔), 악비묘(岳飛廟) 등 다양한 볼거리가 있다. 근처 산에는 중국을 대표하는 용정차가 재배되기도 한다. 서호는 2012년 세계문화유산으로 등재되었다.

Part3

초급에서 중급으로

11과

콜라의 친구

可乐的朋友

본 문

可乐的朋友

Kělè de péngyou

上个星期我去一家餐厅吃饭，吃完饭后，我想
Shàng ge xīngqī wǒ qù yì jiā cāntīng chī fàn, chīwán fàn hòu, wǒ xiǎng

喝饮料，就点了一瓶可乐。
hē yǐnliào, jiù diǎnle yì píng kělè.

服务员告诉我没有可乐，让我选点儿别的。
Fúwùyuán gàosu wǒ méiyǒu kělè, ràng wǒ xuǎn diǎnr bié de.

我想喝雪碧，可是我不知道雪碧用汉语怎么说。
Wǒ xiǎng hē xuěbì, kěshì wǒ bù zhīdào xuěbì yòng Hànyǔ zěnme shuō.

我说了英语，但是那个服务员听不懂英语。
Wǒ shuōle Yīngyǔ, dànshì nàge fúwùyuán tīng bù dǒng Yīngyǔ.

突然我想到了一个好办法，我说："我要可乐
Tūrán wǒ xiǎngdào le yí ge hǎo bànfǎ, wǒ shuō: "Wǒ yào kělè

的朋友，白色的。"
de péngyou, báisè de."

服务员想了一会儿, 笑了起来, 他马上去给我
Fúwùyuán xiǎngle yí huìr, xiàole qǐlái, tā mǎshàng qù gěi wǒ

拿了一瓶雪碧。
nále yì píng xuěbì.

他问我："对吗？对不对？"我笑着回答说："对, 对, 对！"
Tā wèn wǒ : "Duì ma? Duì bú duì?" Wǒ xiàozhe huídá shuō : "Duì, duì, duì !"

我终于喝到了想喝的饮料。
Wǒ zhōngyú hēdào le xiǎng hē de yǐnliào.

※ 중국어로 대답해 봅시다.

1) 你知道哪些饮料牌子?

단 어

□□	可乐	kělè	콜라(코카콜라)	
□□	餐厅	cāntīng	식당	
□□	饮料	yǐnliào	음료	
□□	瓶	píng	병을 세는 단위	
□□	服务员	fúwùyuán	종업원, 웨이터	
□□	告诉	gàosu	알리다, 말하다	
□□	选	xuǎn	고르다, 선택하다	
□□	别的	bié de	다른 것, 다른 사람	
□□	雪碧	xuěbì	스프라이트	
□□	英语	Yīngyǔ	영어	
□□	突然	tūrán	갑자기, 문득	
□□	办法	bànfǎ	방법, 수단	
□□	白色	báisè	흰색	
□□	马上	mǎshàng	곧, 바로	
□□	拿	ná	들다, 쥐다	
□□	终于	zhōngyú	결국, 마침내	

본문 독해 & 문장분석

1

上个星期我去一家餐厅吃饭。吃完饭后，我想喝饮料，就点了一瓶可乐。

지난 주 나는 한 식당에 가서 밥을 먹었다. 밥을 먹은 후에 나는 음료수를 먹고 싶어졌고 바로 콜라 한 병을 시켰다.

문장분석

上个	星期	我	去 (술어)	一	家	餐厅	吃 (술어)	饭。
지난	주	나	가다	한	집	식당	먹다	밥

吃 (술어)	完	饭	后，	我	想	喝 (술어)	饮料，	就	点 (술어)	了	一	瓶	可乐。
먹다	다	밥	후에	나	하고싶다	마시다	음료	곧	주문하다		한	병	콜라

- **吃完饭** : 吃(술어) + 完(결과보어) + 饭(목적어)의 구조로 술어 뒤에 결과보어가 오면, 목적어는 그 뒤에 위치한다.

2 服务员告诉我没有可乐，让我选点儿别的。

종업원은 콜라가 없다고 말하며, 나에게 다른 것을 고르라고 했다.

문장분석

	(술어)					(술어)				
服务员	告诉	我	没有	可乐,		让	我	选	点儿	别的。
종업원	알려주다	나	없다	콜라		~하게하다	나	선택하다	좀	다른 것

- 服务员告诉我没有可乐, 이 문장에서 술어는 '告诉' '한'이다. '告诉'는 '~에게 알려주다'의 뜻으로 수여를 표시하는 동사류에 속한다. 즉, 이중 목적어를 가질 수 있는 동사이다.

  服务员 告诉 我 没有可乐。

  (술어) (목적어) (목적어)

- 让 : '让'은 '~로 하여금 ~하게 하다'라는 사역의 의미를 가진 단어로 겸어문을 만든다.

  让 我 选 点儿 别的。

  [주어] [술어]

  (술어) (목적어)

3 我想喝雪碧，可是我不知道雪碧用汉语怎么说。

나는 스프라이트를 마시고 싶었지만 그러나 나는 스프라이트가 중국어로 어떻게 말하는지 몰랐다.

문장분석

		(술어)					(술어)	
我	想	喝	雪碧，	可是	我	不	知道	雪碧
나	하고싶다	마시다	스프라이트	그러나	나		모르다	스프라이트

用	汉语	怎么	说。
~로	중국어	어떻게	말하다

- 我不知道雪碧用汉语怎么说, 이 문장의 술어는 '知道'이며, 雪碧用汉语怎么说 문장이 목적어가 된다.

- **用** : 전치사로 '~로, ~로써'의 뜻을 가지며, 도구나 방법을 이끌어낸다.

  1) 你用我的手机打电话吧。　내 휴대폰으로 전화하세요.

  2) 他用电脑打游戏。　그는 컴퓨터로 게임을 한다.

4 我说了英语，但是那个服务员听不懂英语。

나는 영어로 말했지만, 그 종업원은 영어를 알아듣지 못했다.

문장분석

我	说 (술어)	了	英语,	但是	那	个	服务员	听 (술어)	不	懂	英语。
나	말하다		영어	그러나	그		종업원	듣다	못했다	이해하다	영어

- **听不懂** : '听不懂'은 '술어 + 不 + 보어'의 형태를 가지는 가능보어이다. 가능보어는 진행되는 동작의 실현 가능성을 보충 설명한다. 긍정형은 '술어 + 得 + 보어', 즉 '听得懂'(알아 들을 수 있다, 들어서 이해할 수 있다)으로 쓴다.

5

突然我想到了一个好办法，我说："我要可乐的朋友，白色的。"

갑자기 나는 좋은 방법을 하나 생각해냈고,"나는 콜라의 친구를 원해요, 흰색인 것"이라고 말했다.

문장분석

突然	我	想到了 (술어: 到)	一个	好	办法，
갑자기	나는	생각해 내다	한 개	좋은	방법,

我	说 (술어)	："我	要 (술어)	可乐的	朋友，	白色的。"
나	말하다	나	원하다	콜라의	친구	흰색인 것

- 想이나 要는 모두 동사의 뜻 '생각하다, 원하다'과 조동사의 뜻 '想 : ~하고 싶다', '要 : ~하려고 하다, 해야 하다' 둘 다 가지고 있다. 그러므로 이 단어가 동사로 쓰였는지 조동사로 쓰였는지를 구분해 줄 필요가 있다. 조동사로 쓰였다면 단독으로 쓰일 수 없고 뒤에 동사를 수반한다.

6

服务员想了一会儿，笑了起来，他马上去给我拿了一瓶雪碧。

종업원은 잠시 생각하다가 웃기 시작했고, 그는 곧 스프라이트 한 병을 나에게 가져다 주었다.

문 장 분 석

服务员	想 (술어)	了	一会儿，	笑 (술어)	了	起来，
종업원	생각하다		잠시	웃다		~기 시작하다

他	马上	去 (술어)	给	我	拿 (술어)	了	一瓶	雪碧。
그는	곧	가다	에게	나	주다		한병의	스프라이트

- **笑+起来** : '~起来'는 방향보어이다. 동작 또는 현상이 발생하여 지속됨을 의미한다.

  1) 大家唱起来了。　　모두 노래부르기 시작했다.

  2) 我想起了他的名字。　　나는 그의 이름이 생각났다.

- **马上** : '곧, 즉시, 금방'의 의미를 가진 부사이다.

  1) 我们马上就要期末考试了。　　곧 기말고사다.

  2) 哥哥马上就要大学毕业了。　　형은 곧 대학교를 졸업한다.

7

他问我:“对吗?对不对?”我笑着回答说:“对，对，对!”

그가 물었다. “맞아요?” 나는 웃으면서 대답했다. “네, 네, 맞아요!”

문장분석

	(술어)		(술어)			
他	问	我:	“对	吗?对	不	对?”
그	묻다	나	맞아요?			

		(술어)	(술어)			
我	笑着	回答	说:	“对,	对,	对!”
나	웃으면서	대답하다	말하다		맞다	

- **笑着回答** : ‘동사 + 着 + 동사’의 형태로 ‘~하면서 ~하다, ~한 채로 ~하다’로 해석 가능하다. 동사 사이에 쓰여 연동식을 만들면서 방식, 수단, 목적 등의 관계를 나타낸다.

1) 他喜欢躺着看电视。 그는 누워서 텔레비전 보기를 좋아한다.

2) 孩子哭着跑回家。 아이는 울면서 집으로 돌아갔다.

8 我终于喝到了想喝的饮料。

나는 마침내 마시고 싶은 음료수를 마셨다.

문장분석

(술어)

我 终于 喝 到 了 想 喝 的 饮料。

나 마침내 마시다 하고 싶다 마시다 음료

- '我终于喝到了想喝的饮料' 이 문장은 '我(주어) + 终于(부사어) + 喝(술어) + 到了(결과보어) + 想喝的饮料(목적어)' 구조를 가지고 있다.

연습 문제

1. 다음 단어를 적절하게 배열하여 중국어 문장 만들기

1) 雪碧 / 给我 / 一瓶 / 去 / 马上 / 拿了/ 他

2) 饮料 / 我 / 喝 / 终于 / 想喝的 /到了

3) 服务员 / 但是 / 那个 / 英语 / 听不懂/

2. 다음 그림에 어울리는 문장을 만들기

1) 秋天

2) 开

연습 문제

3. 중국에 진출한 한국 브랜드나 상품명에 대해 알아보고 중국어로 소개하기

(예, 농심 신라면, 오리온 초코파이 등)

중국이야기

단오절의 유래

절기상으로 음력 5월 5일을 단오라고 부른다. 중국 전통 명절인 단오절은 '중오절(重午节)', '중오절(中五节)' 혹은 '단양절(端陽節)'이라고 부른다. '단(端)'이란 글자는 '초(初)' 즉, 처음이란 의미로 바로 첫 번째를 뜻하고, '오(午)'는 '오(五)' 즉 '다섯'의 뜻이다. 그러므로 단오는 오월 초닷새의 뜻이 된다. 또 '중오'는 오(五)의 수가 겹치는 5월 5일을 뜻하는 것으로 양기가 왕성한 날로 풀이된다. 단오절은 원래 고대 중국민족의 전설상의 조상으로 여겨왔던 용을 제사하는 용자절(龍子節)이었다. 이 날은 일 년 중 양기(陽氣)가 가장 왕성한 날이라 해서 큰 명절로 여겨왔다. 그러나 후대 사람들은 이날을 굴원(屈原)을 기념하는 날로 여겼다.

굴원은 조국인 초(楚)나라를 위해 충성을 다했지만 간신들의 비방과 참소를 받았고, 자신의 억울함과 결백을 증명하기 위해 멱라수(滬羅水)에 몸을 던져 죽었다. 그 후 사람들은 이 사건을 절기인 단오와 연관시켜 굴원을 기념하는 날로 여겼던 것이다. 굴원이 멱라수에 자살했을 때, 지역 사람들은 그 소식을 듣고는 물고기들이 굴원의 시체를 뜯어 먹을까 걱정하여 찹쌀을 대잎에 세모나게 싸서 쫑즈(粽子)라는 것을 만들어 고기먹이로 던지며 북과 꽹과리를 치면서 배를 타고 시체를 찾았다 한다. 후세에 와서는 이것이 단오의 풍속으로 계승되어 단오절이 되면 쫑즈를 제물(祭物)로 강에 던지고 용선(龍船)경기를 한다.

MEMO

Part3

초급에서 중급으로

12과

컵라면에 젓가락이 없어요

方便面没有筷子

본문

方便面没有筷子

Fāngbiàn miàn méiyǒu kuàizi

以前我在中国留学的时候，和朋友一起坐火车去旅行。
Yǐqián wǒ zài Zhōngguó liúxué de shíhou, hé péngyou yìqǐ zuò huǒchē qù lǚxíng.

到了中午，我们饿了。我看到别人在吃方便面，
Dàole zhōngwǔ, wǒmen è le. Wǒ kàndào biérén zài chī fāngbiàn miàn,

我们也特别想吃。
wǒmen yě tèbié xiǎng chī.

正好乘务员在卖盒饭和方便面，我们买了两碗
Zhènghǎo chéngwùyuán zài mài héfàn hé fāngbiànmiàn, wǒmen mǎile liǎng wǎn

方便面。
fāngbiàn miàn.

乘务员走了之后，我们发现方便面没有筷子。
Chéngwùyuán zǒule zhīhòu, wǒmen fāxiàn fāngbiàn miàn méiyǒu kuàizi.

没有筷子怎么能吃方便面呢？我们去找乘务员买筷子。
Méiyǒu kuàizi zěnme néng chī fāngbiàn miàn ne? Wǒmen qù zhǎo chéngwùyuán mǎi kuàizi.

我对乘务员说："请给我们两双筷子。"
Wǒ duì chéngwùyuán shuō : "Qǐng gěi wǒmen liǎng shuāng kuàizi. "

乘务员说："没有筷子。"
Chéngwùyuán shuō : " Méiyǒu kuàizi."

我和朋友无可奈何地打开了方便面, 突然看到里面
Wǒ hé péngyou wúkěnàihé de dǎkāi le fāngbiàn miàn, tūrán kàndào lǐmiàn

有一把一次性叉子。
yǒu yì bǎ yícìxìng chāzi.

我和朋友哈哈大笑, 开心地吃起了方便面。
Wǒ hé péngyǒu hāhā dà xiào, kāixīn de chīqǐ le fāngbiàn miàn.

※ 중국어로 대답해 봅시다.

1) 你喜欢什么方便面?
2) 没有筷子或叉子的话, 你会怎么吃方便面呢?

단 어

□□	方便面	fāngbiàn miàn	컵라면	
□□	筷子	kuàizi	젓가락	
□□	以前	yǐqián	이전, 과거	
□□	火车	huǒchē	기차	
□□	旅行	lǚxíng	여행하다	
□□	饿	è	배고프다	
□□	别人	biérén	다른 사람, 타인	
□□	特别	tèbié	특별히, 더욱	
□□	正好	zhènghǎo	마침	
□□	乘务员	chéngwùyuán	승무원	
□□	盒饭	héfàn	도시락	
□□	碗	wǎn	그릇을 세는 단위	
□□	发现	fāxiàn	발견하다	
□□	无可奈何	wúkěnàihé	어찌할 방법이 없다	
□□	打开	dǎkāi	열다	
□□	里面	lǐmiàn	안, 안쪽	
□□	把	bǎ	손잡이 있는 물건을 세는 단위	
□□	一次性	yícìxìng	일회용	
□□	叉子	chāzi	포크	
□□	哈哈	hāhā	하하, 웃음소리	
□□	大笑	dà xiào	크게 웃다	
□□	开心	kāixīn	기쁘다, 즐겁다	

본문 독해 & 문장분석

1

以前在中国留学的时候，我和朋友一起坐火车去旅行。

예전에 중국에서 유학할 때, 나와 친구는 함께 기차를 타고 여행을 갔다.

문 장 분 석

以前	在	中国	留学	的时候，	我	和	朋友	一起
예전에		중국	유학	할 때	나	~와	친구	함께

(술어)		(술어)	
坐	火车	去	旅行。
타다	기차	가다	여행

- **以前** : '과거, 이전, 예전' 등의 뜻을 가진 명사이다. 반의어로는 '以后(이후)'가 있다.

  1) 爸爸以前是一名电影演员。 아빠가 이전에 영화배우였다.

  2) 上大学以前我一直住在首尔。 대학에 오기 전에 나는 줄곧 서울에 살았다.

- **在~的时候** : '~할 때'로 해석되며, 때나 시각 등을 표현한다. 시간을 나타내는 전치사 '在'와 같이 쓰는 경우가 많다.

  1) 我在小学的时候第一次去了中国。 나는 초등학교때 처음 중국에 갔다.

  2) 我在高中的时候谈过恋爱。 나는 고등학교때 연애를 했었다.

2 到了中午，我们饿了。我看到别人在吃方便面，我们也特别想吃。

정오가 되었고 우리는 배가 고팠다. 우리는 다른 사람들이 컵라면을 먹고 있는 것을 보았고, 우리들도 역시 정말 먹고 싶었다.

문장분석

到了 (술어)	中午,	我们	饿了 (술어)。
~되다	정오	우리들	배고프다

我	看到 (술어)	别人	在	吃	方便面,	我们	也	特别	想	吃 (술어)。
나	보았다	다른사람	있다	먹다	라면	우리	역시	특히	~하고싶다	먹다

- **到** : '도달하다, 도착하다' 등의 뜻을 가진 동사로 '(시간)에 도달하다, 이르다'로 해석할 수 있다.

  1) 到了上课的时间，他还没来。 수업 시간이 되어도 그는 아직 안왔다.

  2) 昨天我到了北京。 어제 나는 북경에 도착했다.

- **看到别人在吃方便面** : 이 문장에는 '看', '到', '吃' 같은 다양한 동사가 있다. 그러나 이 동사들 중에서 문장의 술어는 '看'이다. '到'는 '看'의 결과보어이며, '别人在吃方便面'는 문장으로 구성된 목적어이다.

  我 看 到 别人 在吃 方便面

  [주 술 목]

  (주어) (술어) (보어) (목적어)

  1) 我找到了钱包。 나는 지갑을 찾았다.

  2) 我听到了他的声音。 나는 그의 소리를 들었다.

3 正好乘务员在卖盒饭和方便面，我们买了两碗方便面。

마침 승무원이 도시락과 컵라면을 팔고 있었고, 우리는 두 개를 샀다.

문장분석

正好	乘务员	在	卖 (술어)	盒饭	和	方便面,
마침	승무원	있다	팔다	도시락	과	컵라면

我们	买 (술어)	了	两	碗	方便面。
우리들	샀다		두	그릇	컵라면

- **正好** : '마침~하고 있다' 등의 뜻을 가진 부사로 동작의 진행형을 표현한다.

1) 我想打车, 正好来了一辆出租车。

내가 차를 타려고 할 때 마침 택시 한대가 왔다.

2) 我想找你, 正好你来了。

내가 너를 찾으려 했는데 마침 네가 왔다.

4 乘务员走了之后，我们发现方便面没有筷子。

승무원이 떠난 후에 우리는 컵라면에 젓가락이 없는 것을 발견했다.

문장분석

(술어) 走 / (술어) 发现

乘务员 走 了之后，我们 发现 方便面 没有 筷子。

승무원 / 갔다 / ~후에 / 우리들 / 발견하다 / 컵라면 / 없다 / 젓가락

- **发现方便面没有筷子**：이 문장의 목적어는 '方便面没有筷子'라는 문장이다. '发现'과 같은 동사는 문장(주어 + 술어) 목적어나 동사구(동사 + 목적어)목적어를 목적어로 가진다.

我们 发现 方便面 没有 筷子。

[주 술 목]

(주어) (술어) (목적어)

5 没有筷子怎么能吃方便面呢?我们去找乘务员买筷子。

젓가락이 없이 어떻게 컵라면을 먹을수 있지? 우리는 젓가락을 사려고 승무원을 찾으러 갔다.

문장분석

	(술어)				(술어)		
没	有	筷子	怎么	能	吃	方便面	呢?
	없다	젓가락	어떻게	할수있다	먹다	젓가락	

	(술어)	(술어)		(술어)	
我们	去	找	乘务员	买	筷子。
우리들	가서	찾다	승무원	사다	젓가락

- **没有筷子怎么能吃方便面呢?** : 이 문장은 반어문이다. 반어문이란 말하고자 하는 내용을 반대의 형태로 말하면서 강조하는 표현이다. 즉, '젓가락이 없이 어떻게 컵라면을 먹을 수 있지?'라는 문장은 '먹을 수 없다'의 뜻을 표현한다.

1) 我们不是说好了吗? 우리가 다 말하지 않았습니까?
2) 他怎么回来了呢? 그가 왜 돌아온거죠?
3) 他怎么回来呢? 그가 어떻게 돌아오죠?

6

我对乘务员说：“请给我们两双筷子。”
乘务员说：“没有筷子。”

나는 승무원에게 “우리에게 젓가락 두 짝 주세요” 라고 말했다.
승무원은 “젓가락 없어요” 라고 말했다.

문장분석

			(술어)		(술어)	(술어)				
我	对	乘务员	说	：“	请	给	我们	两	双	筷子。”
나	-에게	승무원	말하다		-하세요	주다	우리들	둘	쌍	젓가락

	(술어)		(술어)	
乘务员	说	：“没	有	筷子。”
승무원	말하다		없다	젓가락

- **给** : 중국어의 일부 동사는 ‘给’처럼 두 개의 목적어를 가진다. 즉, ‘~에게 ~을 주다’를 포함하는 동사류로 ‘问、留、告诉、通知’ 등이 포함된다.

1) 他给我一个礼物。　그가 나에게 선물 하나를 주었다.

2) 对不起, 给您添麻烦了。　미안합니다, 당신에게 귀찮게 해 드렸군요.

7

我和朋友无可奈何地打开了方便面，突然看到里面有一把一次性叉子。

나와 친구는 할 수 없이 컵라면을 열었는데 갑자기 안에 일회용 포크가 있는 것을 보았다.

문장분석

我	和	朋友	无可奈何地	打 (술어)	开了	方便面，
나	와	친구	하는수없이	열다		컵라면

突然	看 (술어)	到	里面	有	一把	一次性叉子。
갑자기	봤다		안에	있다	한개의	일회용포크

- **打开了** : '打开'는 동사술어 '打'와 결과 보어 '开'가 결합된 관계이다. '开'는 '나누어지다, 열다 떨어지다'를 표현한다.

  1) **打开:**

  我打开冰箱找吃的。 나는 냉장고를 열어 먹을것을 찾는다.

  2) **分开:**

  请把这些文件分开整理。 이 서류들을 나누어 정리하세요.

- **突然看到里面有一把一次性叉子** : 이 문장의 목적어는 '里面有一 把一次性叉子'라는 문장이다. 이 문장의 목적어 역시 문장 목적어로 구성되어 있다. '突然'은 원래 부사이기 때문에 부사어, '看到'는 술어와 결과보어, 나머지는 목적어로 구성되어 있다.

突然	看	到	里面有一把一次性叉子。
			[술 목]
(부사어)	(술어)	(보어)	(목적어)

8 我和朋友哈哈大笑，开心地吃起了方便面。

나와 친구는 크게 웃으며 즐거운 마음으로 컵라면을 먹기 시작했다.

문장분석

(술어)

我 和 朋友 哈哈大 **笑**，

나 와 친구 하하 크게 웃다

(술어)

开心 地 **吃** 起 了 方便面。

기쁘다 ~하게 먹다 시작하다 컵라면

- **吃起了** : '吃 + 起了'의 형태로 '起'는 '~하기 시작하다'의 의미로 쓰인다.

1) 七十岁的爷爷学起了汉语。 70세 할아버지가 중국어를 배우기 시작했다.

2) 上大学后我化起了妆。 대학 들어온 후 나는 화장을 하기 시작했다.

연습 문제

1. 다음 단어를 적절하게 배열하여 중국어 문장 만들기

1) 方便面 / 我们 / 开心地 / 吃 / 起了

2) 和朋友 / 坐 / 旅行 / 火车 / 去 / 一起 / 我

3) 怎么 / 呢 / 方便面 / 吃 / 能 / 筷子/ 没有

2. 다음 그림에 어울리는 문장을 만들기

1) 火车

2) 听

연습 문제

3. 여행(국내 혹은 해외) 중 겪었던 재미있는 에피소드 중국어로 소개하기

중국이야기

중국의 예절과 금기

중국에서는 남의 집을 방문해서 식사를 하는 경우, 손님은 너무 배불리 먹거나 접시를 완전히 비우지 않는 것이 일반적인 예절이다. 만약 접시를 완전히 비운다면 마치 주인이 준비한 요리가 부족하다는 것을 간접적으로 나타내는 것이기 때문에 약간의 음식을 남겨야 한다. 그리고 속담에 '객불번어(客不翻鱼)'라는 말이 있듯이 손님은 생선요리를 먹을 때 생선을 뒤집지 않는다. 그 이유는 중국어에서 어(魚)의 발음을 '위'라고 하는데 이는 부유함이나 복을 말하는 푸위(富裕)의 '위'와 같은 발음이기 때문에 생선을 뒤집으면 '복을 뒤집는다'는 뜻으로 들리기 때문이다.

다음은 중국인들이 손님을 접대할 때 지키는 기본적 예의 혹은 금기 사항들이다. 과일을 대접할 때 배는 둘로 쪼개지 않는다. 특히 '배'는 중국어로 '梨子'이며 배가 갈라진 것은 '梨别'이 된다. 그런데 이 단어의 발음은 동시에 '離别'의 발음과 같다. 결국 배를 둘로 쪼개서 먹는 것은 '헤어진다'라는 의미가 되기 때문에 둘로 쪼깨지 않는다.

또 중국에서 다른 사람에게 선물을 할 때 피해야 할 것들이 있다. 일반적으로 우산이나 양산을 잘 선물하지 않는다. 왜냐하면 伞(우산)의 독음이 헤어진다는 의미의 산(散)과 비슷하기 때문이다. 그 다음으로 가장 주의해야 할 것이 시계를 선물해서는 안된다. 왜냐하면 중국에서 '送鐘(시계를 선물하다)'과 '送終(임종을 지키다)'이 동음이기 때문에 중국인들이 선물을 주고받을 때에 가장 금기시하는 물건이다.

- 중국 초등학교 1학년 교재에서 발췌. 选自《日有所诵. 小学一年级》p35, 薛瑞平, 徐冬梅, 邱凤莲主编, 第4版；广西师范大学出版社, 2014.1 （2014.7 重印）
- 选自《日有所诵. 小学一年级》p9, 薛瑞平, 徐冬梅, 邱凤莲主编, 第4版；广西师范大学出版社, 2014.1 （2014.7 重印）

MEMO

정태업

중국 남경대 중문학 박사
부산외국어대학교 중국학부 교수

〈유피 중국어〉, 〈클릭중국어회화〉,
〈중국 대외관계의 어제와 오늘〉, 〈젊은이여 대한민국을 바꾸자〉,
〈화간집전역〉, 〈온정균사전주〉 등과 다수의 논문

이소현

동국대 석사, 중국남경대 박사수료
부산외국어대학교 중국학부 교수

이효영

중국 남경대 중문학 박사
부산외국어대학교 중국학부 교수

〈중국어 현지회화의 모든 것〉, 〈고등학교 중국어 작문〉,
〈이중언어교육을 위한 중국어 초급〉, 〈21세기 중국! 소통과 뉴 트렌드〉 등과
〈Tandem 학습법을 활용한 중국어 교육방안〉 등 다수의 중국어 교육 논문

쉬리(许莉)

중국 청화대 석사, 서울대학교 박사수료
부산외국어대학교 중국학부 교수

생생한 LIVE 중국어 읽기 기초편

1판 1쇄 발행 _ 2017년 2월 28일
1판 2쇄 발행 _ 2021년 2월 28일

저 자 • 정태업 · 이소현 · 이효영 · 쉬리
발 행 인 • 정 현 걸
발 행 • 신 아 사
인 쇄 • 토탈프로세스
출판등록 • 1956년 1월 5일 (제9-52호)
주 소 • 서울특별시 은평구 통일로 59길 4 (2층)
전 화 • 02)382-6411 · 팩스 02)382-6401
홈페이지 • www.shinasa.co.kr
E-MAIL • shinasa@daum.net

ISBN 978-89-8396-987-3 (93720)

정가 *15,000*원